Hildegard Reese · Kirche und Gemeinde
in Jesus Christus Geheimnis des Glaubens

HILDEGARD REESE

KIRCHE UND GEMEINDE IN JESUS CHRISTUS GEHEIMNIS DES GLAUBENS

Hilfen zum Verständnis der geistlichen Dimension von Kirche und Gemeinde

in Zusammenarbeit
mit
Felizitas Teske,
Nikolaus Schwerdtfeger,
P. Andreas Werner OSB

Bernward

Zur Autorin

Hildegard Reese, Dr. rer. nat., Studiendirektorin a.D. (Jg. 1916), hat mit Ausnahme des ersten Viertels ihrer 41jährigen Dienstzeit ausschließlich kath. Religionsunterricht an Gymnasien erteilt. In den letzten fast zehn Jahren (bis 1981) war sie Fachberaterin für den kath. Religionsunterricht an Gymnasien und zusätzlich mit der Beratung bei allen Fragen des gesamten kath. Religionsunterrichtes im Niedersächsischen Kulturministerium beauftragt.
Sie war viele Jahre Mitglied des Diözesanrates der Katholiken im Bistum Hildesheim und des Zentralkomitees der deutschen Katholiken. Nach langjähriger Tätigkeit im Vorstand des Diözesanrates war sie von 1986 bis 1990 dessen Vorsitzende.

Die Deutsche Bibliothek – CIP-Einheitsaufnahme

Reese, Hildegard: Kirche und Gemeinde in Jesus Christus,
Geheimnis des Glaubens: Hilfen zum Verständnis der
geistlichen Dimension von Kirche und
Gemeinde / Hildegard Reese. In Zusammenarbeit
mit Felizitas Teske ...
– Hildesheim : Bernward, 1992
ISBN 3-87065-597-6

Satz: O & S, Hildesheim
Titelgestaltung: Paul König, Hildesheim
Herstellung: Bercker Graphischer Betrieb, Kevelaer
ISBN 3-87065-597-6

Inhalt

TEIL II: Praktische Vorschläge für eine Hinführung zum Verständnis der „geistlichen Dimension von Kirche und Gemeinde“

TEIL III: Anhang

Zum Geleit

Synode: das heißt „gemeinsamer Weg" – nicht Stillstand und auch nicht Endergebnis.

Unsere Diözesansynode 1989/90 hat in der Kirche von Hildesheim die Sehnsucht nach einem bestimmten Weg in die Zukunft entdeckt: die Sehnsucht, auf eine neue Art Kirche zu sein – eine Kirche, die in Gemeinschaft mit Gott, miteinander und für die Welt lebt.

Oft genug erfahren wir schmerzlich, daß wir noch nicht genügend auf diese neue Art Kirche sind – wir sind erst auf dem Weg.

Doch viele tun sich schwer mit diesem Weg: in den Gemeinden, unter den Priestern und hauptberuflichen Mitarbeiterinnen und Mitarbeitern, in den Verbänden und auch in der Bistumsleitung. „Wo sollen wir anfangen? Wie wird die erneuerte Kirche aussehen? Kann es überhaupt gelingen?" – so fragen sie. Viele spüren: das Synodendokument zu kennen, genügt noch nicht.

Das vorliegende Buch will ein „geistlicher Wegweiser" sein, ein „Directorium spirituale". Es will in die Überlegungen der Synode einführen und helfen, die neue Art, Kirche zu sein, tiefer zu verstehen. Es fußt auf dem Synodendokument und enthält Anregungen und Vorschläge, wie der Weg der Synode beginnen kann. Gemeinden und Gruppen, die sich auf diesen Weg einlassen wollen, finden hier Hilfen für die nächsten Schritte.

Ganz herzlich danke ich Frau Dr. Hildegard Reese und denen, die gemeinsam mit ihr diesen „geistlichen Wegweiser" erarbeitet haben, für alle ihre Mühe.

Ich wünsche mir, daß viele in unserem Bistum – und darüber hinaus – sich auf den Weg machen, auf neue Art Kirche zu sein.

Ich hoffe, daß dieses Büchlein die Hilfe sein kann, die es sein will.

Bischof von Hildesheim

TEIL I

Grundlegung

Vorwort

Eine tiefe Sehnsucht hat unsere Diözesansynode 1989/90 durchzogen: **auf eine andere, eine neue Art Kirche zu sein.** Diese Sehnsucht hat sich – ausgesprochen oder unausgesprochen, beim Namen genannt oder versteckt in vielfältigem Unbehagen und deutlicher Kritik, in Anklagen und Forderungen – in den Eingaben aus dem „synodalen Prozeß" der Vorbereitungszeit gezeigt, und die Synodalen haben sie selbst mitgebracht.

Eine **„neue"** Art, Kirche zu sein? Was heißt das? Und von welcher „alten" Art muß man sich trennen? Wie finden wir diese „neue" Art? Steht ihre Verwirklichung – wenn wir sie denn entdeckt haben – in unserer Macht? Sind die Ergebnisse unserer Synode ein „Schlüssel"?

Kirche hat mit Christus zu tun – darüber mag Einigkeit unter uns herrschen, die wir uns zu dieser Kirche zählen. Nach Kirche fragen heißt deshalb zuerst nach Christus fragen.

„Was hast du, Herr Jesus Christus, mit Deiner Kirche vor?"

Wenn die Synode sich in überschaubaren Gruppen unter das Wort Gottes gestellt hat, so hat sie es – mehr oder weniger bewußt – um dieser Frage willen getan. Darum geht es auch beim Suchen nach der geistlichen Wirklichkeit der Gemeinde – ebenso wie bei aller Umsetzung der Synodenbeschlüsse in den Gemeinden – zuerst um diese Frage:
Was will **Gott heute** von **uns**?

Niemand anders als Gott selbst kann darauf antworten. Und er tut es zuerst durch das Wort seiner Offenbarung.

So ist das, „worauf es uns ankommt" – vor allen anderen notwendigen Schritten –, die Einladung „an unsere Schwestern und Brüder im ganzen Bistum", „sich selbst in Gemeinschaft mit anderen auf Gottes Wort in der Heiligen Schrift einzulassen und ihr Leben mehr und mehr daran zu orientieren" (Diözesansynode Hildesheim 1989/90, Beschluß zum vierten synodalen Schritt). Denn so haben wir selbst es erfahren, daß uns Einsichten geschenkt und Hilfen erschlossen wurden, wie der Weg zu einer Erneuerung der Kirche von Hildesheim und ihrer Gemeinden aussehen könnte.

I 0 EINLEITUNG: KIRCHE – WER BIST DU?

Kirche – wer bist du?
Kirche – wie sieht Gott dich? Wie siehst du dich selbst? Heute?

0.1 Wie wird Kirche bei uns und um uns herum gesehen?

Kirche, wie sehe ich dich?
Wie sehen wir dich? Geht mir das Herz auf, wenn ich singe: „Ein Haus voll Glorie schauet weit über alle Land“ (Gotteslob)? Oder läßt mich das kalt und unberührt? Ärgert es mich gar?
Soll Kirche eine Demokratie sein mit allen Formen moderner Mitbestimmung? Oder ist das „Modernismus“ – unzulässige Anleihe bei den heutigen „westlichen Demokratien“, Anbiederung an die moderne Welt?
Sind derartige Versuche nicht geeignet, die festgefügte Einheit in einen Pluralismus von Meinungen aufzulösen, so daß niemand mehr wissen kann, „wo es lang geht“?

Kirche – so wirst du rings um uns herum gesehen:
- Kirche mit ihren altmodischen, verstaubten Ansichten – das ist ein aufreizendes Ärgernis in unserer Welt.
- Kirche, so schrieb einmal jemand, der in ihr einst eine Aufgabe hatte, Kirche – das ist eine alte Tante, die noch aus einer längst versunkenen Zeit übriggeblieben ist, über die man wegen ihrer Schrullen ein bißchen mitleidig lächelt und auf deren seliges Ende man wartet.
- Kirche, so sagt man, Kirche – das ist so etwas wie ein bundesstaatliches Gebilde mit sehr verschiedenen, einander widersprechenden „Bundesländern“, von einem „Alleinherrscher“ mit seinem „Stab“ regiert.
- Kirche, so meinen wieder andere, Kirche – das ist eine beruhigende und beschwichtigende Mutter für verängstigte, verstörte Kinder.
- Kirche – das ist eine „Service-Station“, an der man sich bedient, wenn man in Schwierigkeiten gerät.
- Kirche – das ist sozusagen eine „gute Stube“, wie man sie früher einmal in Häusern und Wohnungen hatte, wenn man etwas auf sich hielt, wo man Ereignissen besonderer Art einen feierlichen Anstrich gibt.
- Aber nein: Kirche ist doch ein unerschütterlicher Fels in brandendem, tosendem Meer.

- Doch auch das kann nicht sein: denn Kirche ist ein schwankendes Boot, vom Sturm und von den Wellen hin und her geworfen – jeden Augenblick vom Untergang bedroht.
- Kirche, so hören wir auch, sei ein Zeichen – Zeichen des Heiles, Zeichen der Hoffnung, Kirche sei eine heilige Communio, eine heilige Gemeinschaft.

Kirche – wer bist du? Gilt das eine oder andere, um dich zu beschreiben? Oder muß man vielmehr alles zusammen nehmen, um zu wissen, was Kirche ist? Fehlt nicht vielleicht auch Entscheidendes?

Wer die Kirche kennenlernen will, muß sich ohne Voreingenommenheit, mit einem Vertrauensvorschuß auf sie einlassen. Erst dann sollte er „Erkundigungen" über sie einziehen. Er muß bereit sein, durch ihre „äußere Hülle" „durchzustoßen" bis zu ihrer Wesensmitte.

Tun wir das noch, wenn wir uns zur „Kirche Jesu Christi" bekennen?

Wenn wir das ernst nehmen, dann muß die Frage „Kirche – wer bist du?" einmünden in die Frage: „Kirche – wer solltest du sein?" „Kirche – wozu bist du da?"

Die Antwort auf diese Frage zeigt dann auch, welche Wege wir einschlagen müssen, um „auf eine neue Art Kirche zu sein", wie es die Grundsehnsucht unserer Synode war.

Diese Antwort können wir uns jedoch nicht selbst geben; denn „Kirche Jesu Christi" muß von Jesus Christus selbst her verstanden werden.

0.2 Wie sieht Gott die Kirche – wie sieht Kirche sich selbst?

Die erste Frage also, die wir stellen und auf die wir uns einlassen müssen, kann nur lauten: **Wie sieht Gott, wie sieht Christus die Kirche?**

Darauf gibt uns das Wort Gottes Antwort, wie es in der Heiligen Schrift überliefert ist. Darauf gibt uns aber auch „die Kirche" selbst Antwort im Licht dieses Wortes Gottes, auf das sie sich beruft. Sie hat das getan im Rahmen **des** kirchengeschichtlichen Ereignisses dieses Jahrhunderts – im Rahmen des II. Vatikanischen Konzils, dessen Idee sein Initiator, Papst Johannes XXIII., „einen Staatsstreich des Heiligen Geistes" genannt hat.

Wenn auf diesem Konzil die Kirche in ihrer fast zweitausendjährigen Geschichte zum ersten Mal über sich selbst ausführlich nachgedacht hat, dann nicht zuletzt deswegen, weil sie in den Augen so vieler Menschen im positiven wie im negativen Sinn frag-würdig geworden ist.

0.3 Unser Versuch, die Kirche neu zu sehen

Unsere Diözesansynode hat sich daher von den Grundaussagen dieses II. Vatikanischen Konzils über die Kirche leiten lassen, um nach Wegen zu einer Erneuerung der Kirche von Hildesheim und ihrer Gemeinden zu suchen. Sie hat die „'Communio'-Ekklesiologie" – „die zentrale und grundlegende Idee der Konzilsdokumente" (Zukunft aus der Kraft des Konzils – die außerordentliche Bischofssynode '85. Die Dokumente und ein Kommentar von Walter Kasper: hier Schlußdokument, S. 33) – aufgegriffen und sich zum Thema gestellt: **„Kirche und Gemeinde, Gemeinschaft mit Gott – miteinander – für die Welt".**

Wenn wir daher die Synode fruchtbar werden lassen wollen, ist es notwendig, dieses **geistliche Geheimnis der Kirche** zu bedenken und zu verstehen. Das muß den Auseinandersetzungen mit den „Bewährungsfeldern" im konkreten Leben der Gemeinden vorausgehen, sie ständig begleiten und durchdringen.

Kirche und Gemeinde als „Communio" – damit ist „die Gemeinschaft mit Gott durch Jesus Christus im Heiligen Geist gemeint. Diese Gemeinschaft geschieht im Worte Gottes und in den Sakramenten. Die Taufe ist Zugang und Grund der kirchlichen Gemeinschaft, die Eucharistie Quelle und Höhepunkt des ganzen christlichen Lebens (vgl. LG 11)*. Die Gemeinschaft des eucharistischen Leibes Christi bedeutet und bewirkt bzw. baut die innige Gemeinschaft aller Gläubigen im Leib Christi, der Kirche, auf (vgl. 1 Kor 10,16)" (a. a. O. Schlußdokument, S. 33). Aber das ist noch nicht alles. Denn diese „Kirche als Gemeinschaft (Communio) ist Sakrament für das Heil der Welt" (a. a. O. Schlußdokument, S. 40).

Was ist mit solchen Sätzen gemeint, deren Sprache uns fremdartig – um nicht zu sagen unverständlich – vorkommt?

Die folgenden Kapitel, die sich an das Thema der Synode anschließen, wollen versuchen, das **geistliche** Antlitz der Kirche und der Gemeinde in ihr in den Blick zu bekommen. Dabei mag die Beschreibung des Zieles uns leiten, das Papst Paul VI. für das Konzil bei der Eröffnung der Zweiten Konzilsperiode zu bedenken gab: „'Christus ist unser Anfang, Christus ist unser Führer und Weg, Christus ist unsere Hoffnung und unser Ziel'" (a. a. O. Kommentar, S. 61).

---

* Abkürzungen hier und später: siehe Anhang

Die erste Voraussetzung, daß das Bild der Kirche neu aufleuchten kann, ist der Abschied von allen einseitigen Vorstellungen von Kirche. Dazu gehört zuerst die Bereitschaft, Kirche nicht nur von ihrem äußeren Erscheinungsbild her zu beurteilen. Erst wer sich auf den Heiligen Geist einläßt, wird durch alles Unzulängliche, ja, Sündhafte an ihr und in ihr durchstoßen bis zu ihrem innersten Wesen. Erst so können wir lernen, auf eine neue Art Kirche zu werden.

Kardinal Döpfner hat dazu in einem Fastenhirtenbrief des Jahres 1973 gesagt: „Wichtig ist unsere Einstellung zur Kirche. Wir sehen ihre Grenzen und ihre Erneuerungsbedürftigkeit, gerade heute. Wir leiden darunter und arbeiten mit Leidenschaft an ihrer Erneuerung, aber wir stehen zu dieser Kirche, weil sie die Kirche des menschgewordenen, erniedrigten Herrn ist und zugleich von unserer Schwachheit gezeichnet ist. Die kleine Herde Christi kann nur dann bestehen, wenn sie all ihre inneren Schwierigkeiten brüderlich und zugleich redlich austrägt, wenn sie zusammenwächst und sich gegenseitig stützt." „Verwurzelt im Bekenntnis zu Christus, hat die kleine Schar der Jünger Jesu eine ganze heidnische Welt verwandelt. Wenn wir heute ebenso mutig, einsatzbereit und freudig unseren Glauben leben, können wir in der Kraft des Herrn auch der suchenden und fragenden Welt des 20. Jahrhunderts Wegweisung und Hoffnung auf Gott geben. So wird die Kirche leuchtendes Licht an den Straßen unserer Welt sein, schlicht würzendes Salz für Menschen, deren geistiger Geschmack oft so unsicher geworden ist (vgl. Mt 5,14–15)" (aus: Lektionar zum Stundenbuch II/7, Donnerstag der 22. Woche im Jahreskreis, 2. Lesung, S. 55 und 56).

Das II. Vatikanische Konzil hat die Vorstellung von der Kirche mit Hilfe eines vertieften Verständnisses vom Wort Gottes zurechtgerückt. Nur die Überwindung falscher oder einseitiger Kirchenbilder kann Platz schaffen für das im Konzil aufgezeigte Bild von der Kirche.

Das kann in verschiedenen Schritten geschehen, die bei den einzelnen Aspekten aber auch ähnlich sein könnten.

Am Anfang sollte eine gründliche Selbstprüfung oder auch der Erfahrungsaustausch in Gruppen stehen:

- Wie erlebe ich, wie erleben wir Kirche? Wie habe ich, wie haben wir uns die Kirche bislang gewünscht?
- Was sagt uns die Heilige Schrift zu unseren Anfragen? Welche Antworten erhalten wir aus der Tradition der Kirche, vor allem aus den Dokumenten des II. Vatikanischen Konzils?

- Welche Folgerungen müssen wir für unser persönliches Leben, für unsere Gemeinden aus den gewonnenen Einsichten ziehen?

So mag unser Weg aussehen:
Kirche „von innen her“, d. h. aus ihrem „göttlichen Ursprung“ und ihrem von Gott gesetzten Ziel – aus der ihr zutiefst innewohnenden Heilswirklichkeit – zu sehen und zu verstehen. Das macht dann sowohl das Ertragen ihrer geschichtlichen Gestalt als auch die notwendigen strukturellen Veränderungen möglich. Das verweist aber vor allem auf den Weg der „Bekehrung“, zu erneuertem Leben aus Gnade und Auftrag der Taufe und damit zur „Evangelisierung“. Nur so wird die Kirche „Instrument und Werkzeug“ – d. h. Sakrament – „des Heiles“ (vgl. LG 1). Denn „Evangelisierung besagt für die Kirche, die Frohbotschaft in alle Bereiche der Menschheit zu tragen, um sie durch deren Einfluß von innen her umzuwandeln und die Menschheit selbst zu erneuern“ (EN 18). Nur wer selbst von Christus verwandelt ist, kann andere einladen und bewegen, sich der gleichen umwandelnden Heilskraft auszusetzen.

I 1 KIRCHE UND GEMEINDE – VERWURZELT IN GOTT

Kirche ist „das von der Einheit des Vaters und des Sohnes und des Heiligen Geistes her geeinte Volk" (LG 4).

Kirche verstehen und leben bedeutet zuerst und zutiefst, nach ihrer Verwurzelung in Gott fragen und aus ihr leben; denn Kirche ist „Zeichen und Werkzeug für die innerste Vereinigung mit Gott" (LG 1).

1.1 Gottesverwurzelung – was ist das?

Aber „ist es nicht oft so, daß wir uns schon so sehr im institutionellen und administrativen Vorfeld der entscheidenden Sendung aufhalten und so viele Kräfte verschleudern, daß wir kaum mehr Reserven für die eigentlichen Dienste aufbringen, nämlich unter und mit den Menschen die Gottesfrage zu wagen und sie zu Hoffnungsschritten zu motivieren?" (Leo Karrer, Hrsg., Handbuch der praktischen Gemeindearbeit, S. 291) Geht es uns in der Kirche zuerst um Gott, um sein Wort? Damit stellt sich die Glaubensfrage: „Vertraut die Gemeinde auf Jesus Christus als ihren einzigen Herrn oder vertraut sie letztlich auf das, was sie selber will und ‚machen' kann, auf den Apparat?" (a. a. O., S. 291) Oder trifft sie das harte Urteil vom „ekklesialen Atheismus", von einer „gottvergessenen Kirchenpraxis" (vgl. a. a. O. S. 291)?

Uns neu und tiefer in Gott verwurzeln – das ist unsere erste und vornehmste Aufgabe.

Wer ist Gott?

Können wir überhaupt so fragen? Wir könnten es nicht, wenn er sich uns nicht erschlossen hätte. Dennoch müssen wir bei allem, was wir stammelnd von ihm sagen dürfen, bekennen: Wir können nur „seinen Rücken" sehen – sein „Angesicht aber kann niemand sehen" (vgl. Ex 33,23); denn er wohnt „in unzugänglichem Licht" (vgl. 1 Tim 6,16).

1.1.1 Unsere Gottesvorstellungen

Unsere Fassungskraft und unsere Glaubensgeschichte bringen es zudem mit sich, daß wir unterschiedliche Gottesbilder in uns tragen. In ihnen spiegelt sich – meistens von uns unbemerkt – ein Stück unserer eigenen Lebensbedingungen. Und sie stehen überdies im Zusammenhang mit unserem Kirchenbild. Wenn wir uns also in diesem Gott verwurzeln und Kirche aus solcher Verwurzelung in Gott verstehen wollen, ist die Reinigung unserer Gottesvorstellungen, ihre Befreiung von Einseitigkeiten und Schiefheiten unabdingbar. Das kann nur in der immer wieder neuen Ausrichtung an Gottes Selbstoffenbarung geschehen.

So müssen wir uns zunächst fragen: Welche Bilder von Gott tragen wir in uns? Wie beeinflussen sie unser Kirchenverständnis?

Ist Gott für uns nur noch eine Formel, hinter der sich kein Inhalt mehr verbirgt? Der große Unbekannte, dessen wir nur noch innewerden, wenn wir einen „Schuldigen“ für unsere Enttäuschungen brauchen? Ein solcher Gott wäre ein Götze. Treten vielleicht in mancherlei Gestalten Götzenbilder an die Stelle Gottes, ohne daß wir sie erkennen? Welches sind unsere Götzen?

Wer aber ist Gott wirklich? Wie heißt er?

1.1.2 Die Antwort der Offenbarung des Alten Testamentes

Diese Frage hat bereits Mose gestellt, als Gott sich ihm als der Gott der Väter genaht hat, um ihn zu Israel zu senden. „Gut“, sagte Mose zu Gott, „ich werde also zu den Israeliten kommen und ihnen sagen: Der Gott eurer Väter hat mich zu euch gesandt. Da werden sie mich fragen: Wie heißt er? Was soll ich ihnen darauf sagen? Da antwortete Gott dem Mose: Ich bin der ‚Ich-bin-da‘. Und er fuhr fort: So sollst du zu den Israeliten sagen: Der ‚Ich-bin-da‘ hat mich zu euch gesandt“ (Ex 3,13f). Was dieser Name – **Jahwe, Ich-bin-da** – bedeutet, wird bereits aus den vorausgehenden Gottesworten erkennbar: „Ich habe das Elend meines Volkes in Ägypten gesehen, und ihre laute Klage über ihre Antreiber habe ich gehört. Ich kenne ihr Leid. Ich bin herabgestiegen, um sie der Hand der Ägypter zu entreißen und aus jenem Land hinaufzuführen in ein schönes, weites Land, in ein Land, in dem Milch und Honig fließen“ (Ex 3,7f). Und zu Mose gewandt: „Führe mein Volk, die Israeliten, aus Ägypten heraus!“ (Ex 3,10)

Und noch einmal bekräftigt Gott: „Ich bin Jahwe. Ich führe euch aus dem Frondienst für die Ägypter heraus und rette euch aus der Sklaverei. **Ich erlöse euch** mit hoch erhobenem Arm und durch ein gewaltiges Strafgericht über sie. **Ich nehme euch als mein Volk an und werde euer Gott sein.** Und ihr sollt wissen, daß ich Jahwe bin, euer Gott, der euch aus dem Frondienst aus Ägypten herausgeführt hat. **Ich führe euch in das Land,** das ich Abraham, Isaak und Jakob unter Eid versprochen habe. Ich übergebe es euch als Eigentum, ich, der Herr“ (Ex 6,6–8; vgl. auch Lev 26,12; Dtn 29,12).

Der rettende, der erlösende Gott, der Gott, der die Israeliten zu seinem heiligen Berg „auf Adlersflügeln getragen“ hat (vgl. Ex 19,4), tut noch mehr: „Jetzt aber, wenn ihr meine Stimme hört und meinen Bund haltet, werdet ihr unter allen Völkern mein besonderes Eigentum sein. Mir gehört die ganze Erde, **ihr aber sollt mir als ein Reich von Priestern und als ein heiliges Volk gehören“** (Ex 19,5f).

Und das ist kein einmaliges Angebot. Denn obwohl Israel seinerseits den Gottesbund – immer wieder – bricht, steht Gott in Treue zu seinem Versprechen. „Denn der Herr, dein Gott, ist ein barmherziger Gott. Er läßt dich nicht fallen und gibt dich nicht dem Verderben preis und vergißt nicht den Bund mit deinen Vätern, den er ihnen beschworen hat“ (Dtn 4,31; vgl. Ex 34,6). Selbst wenn das Volk wegen seines Abfalls unter göttlichem Gericht steht, erinnert sich Gott immer wieder seiner Zusage: „Aber selbst wenn sie im Land ihrer Feinde sind, werde ich sie nicht mißachten und sie nicht verabscheuen, um ihnen etwa ein Ende zu machen und meinen Bund mit ihnen zu widerrufen; denn ich bin der Herr, ihr Gott. Ich werde zu ihren Gunsten des Bundes mit den früheren Generationen gedenken, die ich vor den Augen der Völker aus Ägypten herausgeführt habe, um ihr Gott zu sein, ich, der Herr“ (Lev 26,44f). Und so klingt es weiter durch Israels Geschichte: „Sie werden mein Volk sein, und ich werde ihr Gott sein“ (Jer 24,7; vgl. Jer 30,22; 31,1; 32,38; Ez 11,20; 14,11; 34,30; 36,28; 37,23. 27). Ja, diese immer neue Zusage Gottes überdauert die Zeiten: „Denn unwiderruflich sind Gnade und Berufung, die Gott gewährt“ (Röm 11,29; vgl. Röm 6 – 11).

Gott ist da für die Menschen – für **alle** Menschen. „Keinem von uns ist er fern. Denn in ihm leben wir, bewegen wir uns und sind wir“ (Apg 17,27f). Doch kann niemand ihn begreifen oder gar über ihn verfügen. Darum geziemt es sich, angesichts unseres Redens von Gott immer auch mit Ijob zu bekennen: „So habe ich denn im Unverstand geredet über Dinge, die zu wunderbar für mich und unbegreiflich sind“ (Ijob 42,3).

Trotzdem dürfen wir noch einmal neu fragen: Gott – wer bist du? Woher kommt es, daß er so radikal „für uns da“ ist, daß er seine Zuwendung nicht zurücknimmt? Dennoch klagen wir so oft: „Der Herr hat mich verlassen, Gott hat mich vergessen“ (Jes 49,14). Und jedesmal antwortet Gott geduldig: „Kann denn eine Frau ihr Kindlein vergessen, eine Mutter ihren leiblichen Sohn? Und selbst wenn sie ihn vergessen würde, ich vergesse dich nicht“ (Jes 49,15; vgl. auch Jes 54,8–10; 66,13; Hos 11,1–11).

1.1.3 Die Antwort der Offenbarung des Neuen Testamentes

„Gott ist die Liebe“ (1 Joh 4,8. 16b) – das ist die neutestamentliche „Übersetzung“ des Jahwe-Namens. Das ist aber nicht mehr nur Offenbarung der absoluten und unwiderruflichen Zuwendung Gottes zum Menschen, seinem Geschöpf, zu seinem erwählten Volk – sondern das ist die Offenbarung seines eigenen innergöttlichen Geheimnisses. Der Gott, der Liebe **ist**, ist in sich selbst Gemeinschaft, Hingabe: Vater, Sohn und Heiliger Geist. Wir wüßten es nicht, wenn es uns der menschgewordene Sohn nicht kundgemacht hätte: Denn „niemand hat Gott je gesehen. Der Einzige, der Gott ist und am Herzen des Vaters ruht, er hat Kunde gebracht“ (Joh 1,18; siehe auch Röm 1,7; 1 Kor 1,3; 2 Kor 1,2; Gal 1,3; Eph 4,6 u. a.). Ja, noch mehr – in Jesus Christus ist Gott „anschaubar“ geworden: „Wer mich gesehen hat, hat den Vater gesehen“ (Joh 14,9). „Ich und der Vater sind eins“ (Joh 10,30; vgl. 10,38; 14,10–13. 20). Und da ist noch der Dritte, den der Sohn geoffenbart hat, „der Beistand“, „der Geist der Wahrheit, der vom Vater ausgeht“ und Zeugnis für den Sohn ablegt (Joh 15,26). „Er wird nicht aus sich selbst heraus reden“, so sagt Jesus von ihm, „sondern er wird sagen, was er hört, und euch verkünden, was kommen wird. Er wird mich verherrlichen, denn er wird von dem, was mein ist, nehmen und es euch verkünden. Alles, was der Vater hat, ist mein, darum habe ich gesagt: Er nimmt von dem, was mein ist, und wird es euch verkünden“ (Joh 16,13–15).

1.2 Kirche – verwurzelt in Gott

In diesen dreieinen Gott ist die Kirche eingewurzelt.
Was bedeutet es nun, daß die Kirche „das von der Einheit des Vaters und des Sohnes und des Heiligen Geistes her geeinte Volk“ ist (LG 4)?

1.2.1 Kirche – Volk des Vaters
im Alten Israel
im Neuen Israel

Das heißt zunächst, daß Gott der Vater nun die Kirche in Jesus Christus zu seinem Volk angenommen hat: „Ihr aber seid ein auserwähltes Geschlecht, eine königliche Priesterschaft, ein heiliger Stamm, ein Volk, das sein besonderes Eigentum wurde, damit ihr die großen Taten dessen verkündet, der euch aus der Finsternis in sein wunderbares Licht gerufen hat“ (1 Petr 2,9).

Schon bei den Propheten hatte sich – nach dem göttlichen Gericht – immer klarer die Verheißung eines neuen und endgültigen Bundes herausgestellt, der auch über Israel hinausgreifen würde (vgl. Jes 55,3–5; 60; 61; 63; Jer 31; Ez 33,11–31 u. a.). Nun verkündigt Jesus: „Die Zeit ist erfüllt, das Reich Gottes ist nahe. Kehrt um, und glaubt an das Evangelium!" (Mk 1,15) Das heißt nichts anderes, als daß Gott in seiner unendlichen Güte und Treue nun sich selbst seinem Volk zur neuen und endgültigen Gemeinschaft schenken will. Das Neue an dieser unaufhebbaren Gemeinschaft ist, daß sie sich in der Gemeinschaft mit Jesus von Nazaret verwirklichen soll. Jesu gesamte Predigt, vor allem seine Zuwendung zu den Ausgestoßenen und Verlorenen (vgl. Mk 2,14–17 par; Lk 15 und viele andere Stellen), seine Krankenheilungen und Dämonenaustreibungen zeigen, daß er die für die Endzeit angekündigte Gemeinschaft Israels mit Gott bringen will. Auch die Berufung der „Zwölf" aus dem Kreis seiner Jünger macht deutlich, daß Gott sein Volk endgültig zusammenruft (vgl. Mk 3,13f par).

Unmißverständlich und eindeutig wird schließlich die endgültige Zuwendung und Bindung Gottes an Israel im letzten Mahl – über alles Vorausgegangene hinaus. Inmitten der Erinnerungsfeier an jene Heilstat, in der Gott einst die Gottesvolkwerdung Israels begründet hatte, gibt Jesus nun sich selbst, sein Fleisch und Blut in den Zeichen von Brot und Wein, zu immerwährender Gemeinschaft (vgl. Mk 14,22–25; Mt 26,26–29; Lk 22,19f; 1 Kor 11,23–26). „Diese Vollgestalt des Gottesvolkes aber wird, wie aus den Deuteworten Jesu zu Brot und Wein hervorgeht, nicht allein durch Jesu Leben, sondern vor allem durch Jesu Tod ermöglicht, den er im Anschluß an Jes 52 – 53 als stellvertretenden Sühnetod für die Vielen versteht. So deutet er Brot und Wein als seinen Leib und sein Blut, d. h. als sein Leben, das er hingibt, um die neue, endzeitlich gültige Gemeinschaft der Menschen mit Gott heraufzuführen" (Josef Müller / Edward J. Birkenbeil, Hrsg., Miteinander Kirche sein, S. 30).

Gott der Vater besiegelt die Hingabe seines Sohnes in dessen Todesopfer „für unsere Sünden" (1 Kor 15,3) durch die Auferweckung Jesu.

1.2.2 Kirche – Leib Christi

Die Begegnung mit dem Auferstandenen läßt seine Jünger verstehen, daß nun ihre Sendung beginnt, seine Zeugen zu sein „bis an die Grenzen der Erde" (Apg 1,8). So verkünden sie von nun an den vom Vater in Tod und Auferstehung als Garanten und Inhalt des Neuen Bundes beglaubigten

Jesus von Nazaret, den Gott „zum Herrn und Messias" gemacht hat (vgl. Apg 2,36 u. a.). Sie feiern mit denen, die auf ihr Wort hin an Jesus Christus glauben und sich ihrer Gemeinschaft anschließen, das heilige Mahl und wissen: „Sooft ihr von diesem Brot eßt und aus dem Kelch trinkt, verkündet ihr den Tod des Herrn, bis er kommt" (1 Kor 11,26). Mehr noch: „Ist der Kelch des Segens, über den wir den Segen sprechen, nicht Teilhabe am Blut Christi? Ist das Brot, das wir brechen, nicht Teilhabe am Leib Christi? **Ein** Brot ist es. Darum sind wir viele **ein** Leib; denn wir alle haben teil an dem einen Brot" (1 Kor 10,16f).

Das Volk Gottes, das nach kurzer Zeit auch die Heiden umschließt (vgl. Apg 10; 11; 13 ff), wird zur unauflöslichen Gemeinschaft mit Christus verbunden, so eng, daß es zu einem einzigen Organismus mit ihm als dem Haupt zusammenwächst: „Er ist das Haupt des Leibes, der Leib aber ist die Kirche. Er ist der Ursprung, der Erstgeborene der Toten, so hat er in allem den Vorrang. Denn Gott wollte mit seiner ganzen Fülle in ihm wohnen, um durch ihn alles zu versöhnen. Alles im Himmel und auf Erden wollte er zu Christus führen, der Frieden gestiftet hat am Kreuz durch sein Blut" (Kol 1,18–20; vgl. auch 1,24; 1 Kor 12,12f; Eph 2,14–16; 5,23).

Das Verhältnis des Vaters zur Kirche, die aus Christus und in Christus lebt, kommt auch in der Bildrede des Johannesevangeliums zum Ausdruck: „Ich bin der wahre Weinstock, und mein Vater ist der Winzer." „Ich bin der Weinstock, ihr seid die Reben. Wer in mir bleibt und in wem ich bleibe, der bringt reiche Frucht; denn getrennt von mir könnt ihr nichts vollbringen." „Mein Vater wird dadurch verherrlicht, daß ihr reiche Frucht bringt und meine Jünger werdet" (Joh 15,1. 5. 8).

Und so sahen die ersten Früchte der jungen Gemeinde Jesu Christi aus: „Sie hielten an der Lehre der Apostel fest und an der Gemeinschaft, am Brechen des Brotes und an den Gebeten" (Apg 2,42). Und „die Gemeinde der Gläubigen war ein Herz und eine Seele" (Apg 4,32). Kann es uns verwundern, daß sie „beim ganzen Volk beliebt" waren (Apg 2,47)?

1.2.3 Kirche – Tempel des Heiligen Geistes

Durch „die Kraft des Geistes" konnte dieses neue Volk Gottes wachsen (Apg 1,8). Denn der Auferstandene hatte ja versprochen, daß er den „Beistand" „vom Vater aus senden" werde (Joh 15,26). Und der Vater würde den gleichen Geist seinerseits in Christi Namen geben (vgl. Joh 14,26). So kann Paulus dankend bekennen: „Denn die Liebe Gottes ist ausgegossen in unsere

Herzen durch den Heiligen Geist, der uns gegeben ist“ (Röm 5,5; vgl. 8,15f; Gal 4,6; 1 Kor 2,12). Im Heiligen Geist sind wir „Gottes Tempel“, weil der Geist Gottes in uns wohnt (vgl. 1 Kor 3,16).

So ist die Kirche das endzeitliche Israel, Volk Gottes, Leib Christi, Tempel des Heiligen Geistes.

Kirche und Gemeinde in ihr muß sich zuerst und vor allem anderen dieser ihrer Herkunft und dieses ihres Lebens aus dem dreieinigen Gott bewußt werden und sich in dieses Mysterium hineinbeten. Glaube, Anbetung und Dank ist ihre erste und vornehmste Antwort an den sich schenkenden Gott.

1.3 Taufe – Eingliederung in das Volk Gottes

Aber wie wird einer Glied dieses Gottesvolkes, wie tritt er ein in die Lebensgemeinschaft mit Christus, wie wird er erfüllt mit dem Heiligen Geist?

„Wenn jemand nicht von neuem geboren wird, kann er das Reich Gottes nicht sehen“ (Joh 3,3), so lautet die Antwort Jesu an Nikodemus. Und die nähere Erläuterung: „Wenn jemand nicht aus Wasser und Geist geboren wird, kann er nicht in das Reich Gottes kommen“ (Joh 3,5).

Als die Apostel – der Verheißung des Auferstandenen gemäß – „mit dem Heiligen Geist getauft“ sind (vgl. Apg 1,5), kann Petrus fordern: „Kehrt um, und jeder von euch lasse sich auf den Namen Jesu Christi taufen zur Vergebung der Sünden; dann werdet ihr die Gabe des Heiligen Geistes empfangen“ (Apg 2,38).

In der Taufe vollzieht sich die Teilhabe an seinem Tod und seiner Auferstehung: „Wißt ihr denn nicht, daß wir alle, die wir auf Christus Jesus getauft wurden, auf seinen Tod getauft worden sind? Wir wurden mit ihm begraben durch die Taufe auf den Tod, und wie Christus durch die Herrlichkeit des Vaters von den Toten auferweckt wurde, so sollen auch wir als neue Menschen leben. Wenn wir nämlich ihm gleich geworden sind in seinem Tod, dann werden wir mit ihm auch in seiner Auferstehung vereinigt sein“ (Röm 6,3–5; vgl. weiter 6,6–11; Kol 2,12).

In der Taufe geschieht das alles durch Eingliederung in die Kirche als den Leib Christi: „Durch den einen Geist wurden wir in der Taufe alle in einen einzigen Leib aufgenommen, Juden und Griechen, Sklaven und Freie, und alle wurden wir mit dem einen Geist getränkt“ (1 Kor 12,13).

Darum gilt: „**Ein** Leib und **ein** Geist, wie euch durch eure Berufung auch

eine gemeinsame Hoffnung gegeben ist: **ein** Herr, **ein** Glaube, **eine** Taufe, **ein** Gott und Vater aller, der über allem und durch alles und in allem ist" (Eph 4,4–6). Durch die Taufe sind wir also hineingenommen in das Leben des dreifaltigen Gottes. Diese neue, unaufhebbare Seinsweise als Teilhabe an der Wesensart des gekreuzigten und auferstandenen Herrn befähigt und verpflichtet zugleich zur Mitarbeit am Werk Christi. Taufe ist Besiegelung zur Teilhabe am Priestertum Christi, wie es in der Kirche weiterlebt.

Das neue Leben, das uns in der Taufe mitgeteilt wird, ist „Siegel des verheißenen Heiligen Geistes" (Eph 1,13). Es verleiht nämlich Anteil an der göttlichen Natur (vgl. 2 Petr 1,4) – den ersten „Anteil des Erbes, das wir erhalten sollen, die Erlösung, durch die wir Gottes Eigentum werden, zum Lob seiner Herrlichkeit" (Eph 1,14).

1.4 Firmung – Reife zum Vollmitglied des Volkes Gottes

Dieses Leben unterliegt – wie alles menschliche Leben – einem Wachstumsprozeß. Es muß ausreifen. Auch diese Reifung vollzieht sich durch den Heiligen Geist und wird besiegelt im Sakrament der Firmung. Wie die Kirche aus dem Ostermysterium ihres Herrn bereits alle Gaben in Fülle besitzt und dennoch unter dem Wirken des Heiligen Geistes durch die Zeiten erst zu ihrer Vollendungsgestalt heranwachsen muß, so nimmt auch der einzelne Christ an diesem Prozeß teil. Sein Taufleben soll sich unter dem Siegel des Heiligen Geistes zur Fülle entfalten. „So sollen wir alle" „zum vollkommenen Menschen werden und Christus in seiner vollendeten Gestalt darstellen" (Eph 4,13). Nicht mehr „unmündige Kinder", sondern „von der Liebe geleitet" sollen wir als die Glieder der Kirche „in allem wachsen, bis wir ihn erreicht haben. Er, Christus, ist das Haupt. Durch ihn wird der ganze Leib zusammengefügt und gefestigt in jedem einzelnen Gelenk. Jedes trägt mit der Kraft, die ihm zugemessen ist. So wächst der Leib und wird in Liebe aufgebaut" (Eph 4,14. 15f).

Der Heilige Geist prägt in der Firmung Gabe und Aufgabe ein, Mitverantwortung in der Kirche zu übernehmen, und vollendet so die Taufe. So haben bereits die Apostel den Getauften die Hände aufgelegt, daß sie den Heiligen Geist empfingen (vgl. Apg 8,14–17; 19,6; vgl. auch Hebr 6,2–5).

Wer auf diese Weise, durch die Liebesfülle des Heiligen Geistes gestärkt und gefestigt, in Lebensgemeinschaft mit Christus steht, lebt in einer wunderbaren, unvergleichlichen Nähe zum Vater. Kirche – verwurzelt in Gott!

1.5 Eucharistie – Nahrung des Volkes Gottes im immerwährenden „Gedächtnis" der Erlösung durch Christus

Diese Gottesverwurzelung der Kirche bedarf zu ihrem Bestand und Wachstum der ständigen Nahrung, damit die Gaben des Geistes je neu gegenwärtig werden.

Bereits im Alten Bund hat Gott sich seiner Befreiungstat und des Bundesschlusses mit Israel in späteren Zeiten „erinnert". Dieses „Gedächtnis" war mehr als ein bloßes Zurückdenken an die vergangene Großtat Gottes, sondern es holte in heiligem Ritus dessen Heil in die jeweilige Gegenwart. So war insbesondere die Paschafeier (vgl. Ex 12,1–14) die Vergegenwärtigung der Befreiungstat Gottes im Zeichen der kultischen Festfeier. So erläutert es auch die Mischna*, wenn sie anordnet: „In jedem Zeitalter ist jeder verpflichtet, sich so anzusehen, als sei er selbst aus Ägypten ausgezogen" (zitiert in: Herbert Haag, Hrsg., Bibellexikon, 2. Aufl. 1969, Spalte 525).

Viel mehr noch, als im Alten Bund Gottes Heil in der Paschafeier „sakramental" gegenwärtig war, gilt das vom neutestamentlichen Paschamahl, in dem Christi Auftrag erfüllt wird: „Tut dies zu meinem Gedächtnis!" (Lk 22,19; 1 Kor 11,24. 25). Die sakramentale „Vorausnahme" des Todes und der Auferstehung Jesu im letzten Abendmahl wird zur sakramentalen „Vergegenwärtigung" des gleichen zentralen und zusammenfassenden Heilsereignisses des Neuen Bundes. So wird das „sakramentale" Gedächtnis der alttestamentlichen Paschafeier überboten zu seiner Erfüllung in der Hingabe Christi als des wahren Paschalammes (vgl. 1 Kor 5,7).

Aber wie schon im Alten Bund die Erfüllung jeder Verheißung einen noch nicht erfüllten Überschuß enthielt, so enthält auch jede „Gedächtnisfeier" des Herrenmahles eine noch offene Verheißung: „Denn sooft ihr von diesem Brot eßt und aus dem Kelch trinkt, verkündet ihr den Tod des Herrn, **bis er kommt**" (1 Kor 11,26; siehe 1 Kor 15,24. 28). So sollte der Dank für das schon jetzt geschenkte Heil – Eucharistie – ausklingen in die Bitte um die noch ausstehende Vollendung: „Marana tha – Unser Herr, komm!" (1 Kor 16,22; Offb 22,20)

Nirgendwo hat die Jüngergemeinde – und mit ihr alle, die sich ihr anschlossen – so intensiv gespürt wie in der Wiederholung des Tuns Jesu beim letzten Mahl aufgrund seines Auftrages, daß diese Feier des „Brotbrechens"

* mündlich überlieferte Lehrsätze

(vgl. Apg 2,42) sie zur Gemeinschaft zusammenfügte. Die Eucharistie wurde für sie – und muß es für die Kirche heute mehr denn je sein – Zentrum ihres Lebens. Daran hat das II. Vatikanische Konzil mit großem Nachdruck erinnert: „Aus der Liturgie, besonders aus der Eucharistie, fließt uns wie aus einer Quelle die Gnade zu; in höchstem Maß werden in Christus die Heiligung der Menschen und die Verherrlichung Gottes verwirklicht, auf die alles Tun der Kirche als auf sein Ziel hinstrebt" (SC 10). Denn „die Heiligste Eucharistie enthält ja das Heilsgut der Kirche in seiner ganzen Fülle, Christus selbst, unser Osterlamm und das lebendige Brot. Durch sein Fleisch, das durch den Heiligen Geist lebt und Leben schafft, spendet er den Menschen das Leben; so werden sie ermuntert und angeleitet, sich selbst, ihre Arbeit und die ganze Schöpfung ihm darzubringen. Darum zeigt sich die Eucharistie als Quelle und Höhepunkt der Evangelisation: die Katechumenen werden allmählich zur Teilnahme an der Eucharistie vorbereitet, die schon Getauften und Gefirmten durch den Empfang der Eucharistie ganz dem Leib Christi eingegliedert. Die Zusammenkunft zur Feier der Eucharistie, der der Priester vorsteht, ist also die Mitte der Gemeinschaft der Gläubigen" (PO 5).

So gipfelt alle Gottesverwurzelung der Kirche in der von Gott geschenkten Teilhabe an seinem dreifaltigen Leben – beginnend mit der Taufe, besiegelt in der Firmung und ständig genährt im eucharistischen Opfermahl. Der ferne, unverfügbare Gott hat sich uns aus unendlicher Liebe „verfügbar" gemacht, um in ewigem Bund mit uns eins zu sein.

Dieses Angebot an unsere Freiheit ruft nach unserer Antwort. Jüngerschaft, Nachfolge, Anbetung und Dank ist darum Auftrag der Kirche durch die Zeiten – auch hier und heute.

I 2 Kirche und Gemeinde als Communio – miteinander lebend

Niemand lebt für sich allein – jedoch niemand glaubt auch für sich allein.

2.1 Unsere Erfahrung mit Communio in der Kirche

Aber was heißt das schon: Kirche – Communio nicht nur mit Gott, sondern auch ihrer Glieder miteinander? Welche Erfahrungen und Vorstellungen bewegen uns?

- Kommen viele einzelne nebeneinander zusammen mit dem Ziel: „Rette deine Seele!"?
- Geht es um so etwas wie einen Verein, dessen Statuten von jedem Mitglied eine regelmäßige Beitragszahlung verlangen? Einen Verein, der einen Vorsitzenden mit einigen Beisitzern hat, die mit ausgedehnten Vollmachten ausgestattet sind?
- Gleicht die Kirche einer Monarchie oder eher einer Republik?

Wie stellt sie sich dar? Und wie sollte sie sein?

2.2 Kirche – das sind wir alle

Wiederum können wir die Kirche nur verstehen, wenn wir sie messen an dem, was sich aus ihrer Gottverwurzelung an Folgerungen ergibt.

Wenn „die vordringlichste Sendung der Kirche" „die Verkündigung und Bezeugung der Frohbotschaft von der Erwählung, Barmherzigkeit und Liebe Gottes" ist, „die sich in der Heilsgeschichte zeigt, in der Fülle der Zeiten in Jesus Christus gipfelt, und die die Kirche als Heil in der Kraft des Heiligen Geistes den Menschen anbieten und verkünden soll", dann muß sich das in ihrem eigenen Leben ausweisen. Nur so ist sie in Wahrheit „gleichsam das Sakrament, d. h. Zeichen und Werkzeug der Gemeinschaft mit Gott und auch der Gemeinschaft und Versöhnung der Menschen untereinander" (Bischofssynode a. a. O., Schlußdokument, S. 25).

Gemeint ist die Kirche als ganze, und das sind wir alle. Ihr erstes und entscheidendes Kennzeichen: „Die Gemeinde der Gläubigen war ein Herz und eine Seele" (Apg 4,32). Und darin machte sie anschaulich, was Christus von seiner Jüngerschar forderte, die er sich als erste radikale Verwirklichung der von ihm gemeinten Heilsgemeinde erwählt hatte: „Ihr aber sollt euch nicht Rabbi nennen lassen; denn nur einer ist euer Meister, ihr alle aber seid Brüder. Auch sollt ihr niemand auf Erden euren Vater nennen; denn nur einer ist euer Vater, der im Himmel. Auch sollt ihr euch nicht Lehrer nennen lassen; denn nur einer ist euer Lehrer, Christus" (Mt 23,8–10).

So hat es Paulus verstanden, wenn er zwar von unterschiedlichen Gnadengaben in den Gemeinden spricht, aber zugleich betont, daß sie ihren Ursprung in dem einen Geist haben, daß es zwar verschiedene Dienste, aber nur den einen Herrn gibt (vgl. 1 Kor 12,4–8). Und er faßt zusammen: „Es gibt verschiedene Kräfte, die wirken, aber nur den einen Gott: Er bewirkt alles in allen" (1 Kor 12,6). Und all das geschieht, weil die „Offenbarung des Geistes" einzig und allein geschenkt wird, „damit sie anderen nützt" (1 Kor 12,7).

Dieses Geschenk ist eine heilige Verpflichtung: „Als Glieder des lebendigen Christus, durch Taufe, Firmung und Eucharistie ihm eingegliedert und gleichgestaltet, ist allen Gläubigen die Pflicht auferlegt, an der Entfaltung und an dem Wachstum seines Leibes mitzuwirken, damit dieser so bald wie möglich zur Vollgestalt gelange (Eph 4,13)" (AG 36).

2.2.1 Fundamentale Gleichheit aller Getauften

Dieses Geschenk begründet aber auch die fundamentale Einheit und Gleichheit aller Getauften, weil sie „mit Christus" „in der Taufe begraben, mit ihm auch auferweckt" wurden, „durch den Glauben an die Kraft Gottes, der ihn von den Toten auferweckt hat" (Kol 2,12). Darum ist „gemeinsam die Würde der Glieder aus ihrer Wiedergeburt in Christus, gemeinsam die Gnade der Kindschaft, gemeinsam die Berufung zur Vollkommenheit, eines ist das Heil, eine die Hoffnung und ungeteilt die Liebe. Es ist also in Christus und in der Kirche keine Ungleichheit aufgrund von Rasse und Volkszugehörigkeit, sozialer Stellung oder Geschlecht; denn ‚es gilt nicht mehr Jude und Grieche, nicht Sklave und Freier, nicht Mann und Frau; denn alle seid ihr einer in Christus Jesus' (Gal 3,28 griech.; vgl. Kol 3,11)" (LG 32).

2.2.2 Verschiedenheit der Charismen und ihre gegenseitige Zuordnung

Nur auf dem Hintergrund solcher ursprünglichen und unverlierbaren Einheit und Gleichheit ist dann die Vielfalt und Unterschiedlichkeit im einzelnen einzuordnen. Zwar hat Christus „nach seiner Auferstehung unter allen, die ihn im Glauben und in der Liebe annehmen, durch das Geschenk seines Geistes eine neue brüderliche (und wir müssen entfalten: und schwesterliche) Gemeinschaft in seinem Leib, der Kirche," geschaffen, „in der alle einander Glieder sind". Aber durch denselben Geist hat er vielfältige Geschenke ausgeteilt, damit alle „sich entsprechend der Verschiedenheit der empfangenen Gaben gegenseitig dienen sollen" (LG 32).

Jede Gabe ist also zugleich eine Aufgabe: Denn „aus dem Empfang dieser Charismen, auch der schlichteren, erwächst jedem Glaubenden das Recht und die Pflicht, sie in Kirche und Welt zum Wohl der Menschen und zum Aufbau der Kirche zu gebrauchen" (AA 3). Und „da die Christgläubigen **verschiedenartige Gnadengeschenke** haben (vgl. Röm 12,6), soll jeder nach Gelegenheit, Fähigkeit, Gnadengabe und Amt (vgl. 1 Kor 3,10) am Evangelium mitwirken; alle, die säen und ernten (vgl. Joh 4,37), die pflanzen und begießen, sollen eins sein (vgl. 1 Kor 3,8), damit sie ‚auf dasselbe Ziel hin sich frei und in geordneter Weise zusammentun' und eines Sinnes ihre Kräfte einsetzen zur Auferbauung der Kirche" (AG 28).

Wenn Paulus beispielhaft unterschiedliche Gaben aufzählt, so nimmt das Vorsteheramt dabei keine besondere Stellung ein: „Hat einer die Gabe prophetischer Rede, dann rede er in Übereinstimmung mit dem Glauben; hat einer die Gabe des Dienstes, dann diene er. Wer zum Lehren berufen ist, der lehre; wer zum Trösten und Ermahnen berufen ist, der tröste und ermahne. Wer gibt, gebe ohne Hintergedanken; wer Vorsteher ist, setze sich eifrig ein; wer Barmherzigkeit übt, der tue es freudig" (Röm 12,6–8). Ähnlich sieht Paulus auch im Ersten Brief an die Korinther die verschiedenen Gnadengaben in der Einheit des Geistes, der sie verleiht (vgl. 1 Kor 12,4): „Den einen wird vom Geist die Gabe geschenkt, Weisheit mitzuteilen, dem anderen durch den gleichen Geist die Gabe, Erkenntnis zu vermitteln, dem dritten im gleichen Geist Glaubenskraft, einem anderen – immer in dem einen Geist – die Gabe, Krankheiten zu heilen, einem anderen Wunderkräfte, einem anderen prophetisches Reden, einem anderen die Fähigkeit, die Geister zu unterscheiden, wieder einem anderen verschiedene Arten von Zungenrede, einem anderen schließlich die Gabe, sie zu deuten" (1 Kor 12,8–10).

Als Glieder des **einen** Leibes Christi, so führt Paulus aus, sind alle aufeinander angewiesen und zum Dienst miteinander und füreinander da (vgl. 1 Kor 12,12–27). Ob daher „Gott in der Kirche die einen als Apostel eingesetzt" hat, „die anderen als Propheten, die dritten als Lehrer", ob er „die Kraft" verlieh, „Wunder zu tun", „Krankheiten zu heilen, zu helfen, zu leiten, endlich die verschiedenen Arten von Zungenreden" gewährte – das alles dient dem Aufbau und Wachstum des Leibes Christi, der Kirche (vgl. 1 Kor 12,28).

Über allem, und alle Gaben und Dienste zusammenfassend, zeigt Paulus dann aber jenen Weg auf, der alles übersteigt: die Liebe (vgl. 1 Kor 13). Die Liebe, die bleibt, auch wenn der Glaube in Schauen übergeht und die Hoffnung ihre Erfüllung findet (vgl. 1 Kor 13,13), muß alle Geistesgaben durchdringen und beseelen, muß ihr inneres und äußeres Ordnungsprinzip sein, damit sie zum „Aufbau der Gemeinde" beitragen (1 Kor 14,12; siehe 1 Kor 14).

Es wäre ein Irrtum zu meinen, diese Geistesgaben seien nur für die Aufbauphase der jungen Kirche verliehen worden. Vielmehr ist es auch heute Auftrag und Verpflichtung, in der Kirche und in jeder Gemeinde die Geistesgaben aufzuspüren. Oft müssen sie erst aus der Verborgenheit herausgeholt und entfaltet und, ihren Besonderheiten entsprechend, eingesetzt werden.

So gingen die jungen Christengemeinden mit der Vielfalt ihrer Gaben ihren Weg in die heidnische Umwelt hinein, wie sie ihn als vom Heiligen Geist gewiesen erkannten. Ebenso ist auch die Kirche heute vom Heiligen Geist mit der Fülle seiner Gaben ausgestattet, damit sie das Heil Gottes in unsere Welt bringen kann, die auf weite Strecken nicht nur gott-los, sondern sogar gott-unfähig geworden ist. Diese Geistesgaben dürfen nicht brachliegen. Darum darf niemand meinen, er sei nicht angesprochen. Ebensowenig dürfen sie in ihrem Einsatz und in ihrer Wirkkraft blockiert werden, indem man sie nicht zum Zuge kommen läßt.

2.2.3 Teilhabe aller Getauften am dreifachen Amt Christi

Denn nur alle gemeinsam sind von Christus, dem Hohenpriester, als sein neues Volk „zum Königreiche und zu Priestern für Gott und seinen Vater gemacht" (vgl. Offb 1,6; 5,9f). Darum dienen die Geistesgaben dieser gemeinsamen priesterlichen Sendung. „Durch die Wiedergeburt und die Salbung mit dem Heiligen Geist werden die Getauften zu einem geistigen Bau und zu einem heiligen Priestertum geweiht." Und wozu führt das alles? „Damit sie in allen Werken eines christlichen Lebens geistige Opfer darbringen und die Machttaten dessen verkünden, der sie aus der Finsternis in sein wunderbares Licht berufen hat (vgl. 1 Petr 2,4–10). So sollen alle Jünger Christi ausharren im Gebet und gemeinsam Gott loben (vgl. Apg 2,42–47) und sich als lebendige, heilige, Gott wohlgefällige Opfergabe darbringen (vgl. Röm 12,1); überall auf Erden sollen sie für Christus Zeugnis geben und allen, die es fordern, Rechenschaft ablegen von der Hoffnung auf das ewige Leben, die in ihnen ist (vgl. 1 Petr 3,15)" (LG 10).

Das ist gemeint, wenn von der Teilhabe aller Getauften und Gefirmten am dreifachen Amt Christi gesprochen wird, nämlich der Teilhabe

- **an seinem priesterlichen Amt:**

Ihre gesamten Lebensvollzüge – Ehe- und Familienleben, Berufsarbeit, Gebet, Erholung, ja, jegliches Werk –, werden „‚geistige Opfer, wohlgefällig vor Gott durch Jesus Christus' (1 Petr 2,5)", „wenn sie im Geist getan werden". Sie dienen besonders in der Eucharistie der Heiligung der Welt und ihrer Darbringung als Opfergabe vor Gott (vgl. LG 34);

- **an seinem prophetischen Amt:**

So werden sie „zu Zeugen" bestellt und ausgerüstet „mit dem Glaubenssinn und der Gnade des Wortes (vgl. Apg 2,17–18; Offb 19,10)"; und durch sie kann „die Kraft des Evangeliums im alltäglichen Familien- und Gesellschaftsleben" aufleuchten (LG 35);

- **an seinem königlichen Amt:**

Sie folgen ihm in seinem Dienst an den Menschen nach – an welchem Platz sie auch im Gottesvolk und gleichzeitig in der bürgerlichen Gesellschaft stehen mögen; so geben sie ihr Leben und Wirken Christus zu eigen, „damit in Christus alles Gott unterworfen werde und endlich Gott sei alles in allem (vgl. 1 Kor 15,28)" (vgl. AG 21).

Gerade in dieser Teilhabe am dreifachen Amt Christi in seiner Kirche müssen jene Charismen zum Zuge kommen, durch die dem einzelnen kraft seines Berufes und seiner Berufung – aber auch bedingt durch seinen je besonderen Zugang zu jenen Bereichen der Welt, zu denen nicht jeder Zutritt hat – besondere Anforderungen und besondere Möglichkeiten gegeben sind. Wir könnten sie nicht nur als spezifische Qualifikationen bezeichnen, wie wir es vom profanen Sprachgebrauch her gewohnt sind. Sondern wir müssen sie wahrhaft als geistliche Mitgift verstehen.

2.2.4 Das besondere Weihepriestertum

Zu solchem Einsatz in Kirche und Welt bedarf es der ständigen Vertiefung und Förderung des in Christus durch seinen Geist geschenkten Lebens.

Das ist Sendung und Aufgabe des besonderen Priestertums des Amtes. Das Weihepriestertum dient dem allgemeinen und ermöglicht so das organische Wachstum von Kirche und Gemeinde nach innen und nach außen. Die Priester sind gesandt „zur Verkündigung der Frohbotschaft, zum Hirtenamt an den Gläubigen und zur Feier des Gottesdienstes" (LG 28). Sie sollen dazu beitragen, daß „die Gläubigen zu einem Leib, in dem ‚nicht alle

Glieder denselben Dienst verrichten' (Röm 12,4), zusammenwachsen." Darum ist ihnen die Weihevollmacht insbesondere geschenkt zur „Darbringung des Opfers und zur Nachlassung der Sünden" und damit sie „das priesterliche Amt öffentlich vor den Menschen in Christi Namen verwalten" (PO 2).

Durch den Dienst der Einheit führt der Priester die vielfältigen einzelnen Dienste aller Glieder des Gottesvolkes zusammen; er hilft, die Geistesgaben zu entdecken und sinnvoll einzusetzen; er sieht sich auch verantwortlich für „die Unterscheidung der Geister". Vor allem darf er jene besonderen Heils- und Heiligungsgaben bereitstellen und weitergeben, die Christus hinterlassen hat, um alle Gläubigen zu jener „Vollkommenheit in Heiligkeit" zu führen, zu der er selbst alle berufen hat (vgl. LG 11).

Zwar hat die Unterschiedenheit in der Art der Teilnahme am Hohenpriestertum Christi über lange Zeit – ja, bis heute – zur Vorstellung von einer Vorrangstellung des Weihepriestertums und einer Zweitrangigkeit und Unterordnung der Laien geführt. Jedoch hat das II. Vatikanische Konzil bei seinem Weg zu den Quellen des Wortes Gottes als Folgerung aus Taufe und Firmung die tiefe Einheit und Gleichheit aller im Gottesvolk ins helle Licht des kirchlichen Bewußtseins gestellt.

2.3 Communio – brüderlich-schwesterlicher Umgang miteinander

Dieses Wissen, daß wir alle Kirche sind, muß sich in einem erneuerten Zueinander und Miteinander niederschlagen und sich in gemeinsamer Verantwortung in der Kirche durch Teilhabe an ihren Aufgaben und Entscheidungen auswirken.

Christi Wort an seine Jünger – „der Größte von euch soll euer Diener sein" (Mt 23,11; vgl. Mk 9,35; 10,43) – gilt in seiner Kirche für alle Zeiten. „Denn auch der Menschensohn ist nicht gekommen, um sich dienen zu lassen, sondern um zu dienen und sein Leben hinzugeben als Lösegeld für viele" (Mk 10,45) – so hat er seine eigene Sendung beschrieben. Und in der Stunde des letzten Mahles hat er ein für allemal das Zeichen gesetzt für das Miteinander derer, die sich zu ihm bekennen: „Wenn nun ich, der Herr und Meister, euch die Füße gewaschen habe" – d. h. den niedrigen Dienst des Sklaven an euch getan habe –, „dann müßt auch ihr einander die Füße waschen. Ich habe euch ein Beispiel gegeben, damit auch ihr so handelt, wie ich an euch gehandelt habe" (Joh 13,14f).

Man kann das in vielfacher Weise in die Praxis des alltäglichen Lebens in der Gemeinde umsetzen – etwa wie Paulus es seiner Lieblingsgemeinde in

Philippi geschrieben hat: „Lebt als Gemeinde so, wie es dem Evangelium Christi entspricht." „Wenn es also Ermahnung in Christus gibt, Zuspruch aus Liebe, eine Gemeinschaft des Geistes, herzliche Zuneigung und Erbarmen, dann macht meine Freude dadurch vollkommen, daß ihr eines Sinnes seid, einander in Liebe verbunden, einmütig und einträchtig, daß ihr nichts aus Ehrgeiz und nichts aus Prahlerei tut. Sondern in Demut schätze einer den anderen höher ein als sich selbst. Jeder achte nicht nur auf das eigene Wohl, sondern auch auf das der anderen" (Phil 1,27; 2,1–4).

Solch brüderlich-schwesterlicher Umgang miteinander ist Voraussetzung und zugleich Inhalt des Miteinanders der Dienste und Gaben als wesentliches Kennzeichen von Communio miteinander. Das führt zu Freude und Dankbarkeit wegen der verschiedenen Gaben, zur gegenseitigen Anerkennung ihres gemeinsamen Einsatzes.

Im einzelnen kann Einheit in der Vielfalt nur „zum Zuge kommen", wenn sowohl die „Gleichzeitigkeit" der Berufung aus Taufe und Firmung als auch die „Ungleichzeitigkeit" in der Lebens- und Glaubensgeschichte bei den verschiedenen Gliedern der Gemeinde ernst genommen werden. **Gemeinsame** Verantwortung hat den Vorrang vor Einzelaufgabe, vor Sonderverantwortung. Vertrauensvolle Arbeitsteilung läßt Eigeninitiative zu und sorgt dafür, daß verborgene Charismen und Initiativen herausgelockt und eingesetzt werden.

2.3.1 Verschiedene Strukturen von Gemeinden

So hat es bereits die Urkirche verstanden und ist auf unterschiedliche Weise der allen gemeinsam aufgetragenen „Evangelisierung" gerecht geworden.

So waren die Gemeinden, die sich aus zu Christus bekehrten Juden bildeten, anders als die Gemeinden der „Heidenchristen". Und ebenso waren die Gaben und Möglichkeiten derer, die das Leitungsamt innehatten, unterschiedlich. So schreibt Paulus nach der ersten großen Krise in der jungen Kirche – Muß der Weg zu Christus über das Einhalten des alttestamentlichen Gesetzes führen? – im Anschluß an das sogenannte Apostelkonzil (vgl. Apg 15,1–35): „Denn Gott, der Petrus die Kraft zum Aposteldienst unter den Beschnittenen gegeben hat, gab sie mir zum Dienst unter den Heiden." „Und sie erkannten die Gnade, die mir verliehen ist. Deshalb gaben Jakobus, Kephas und Johannes, die als die ‚Säulen' Ansehen genießen, mir und Barnabas die Hand zum Zeichen der Gemeinschaft. Wir sollten zu den Heiden gehen, sie zu den Beschnittenen." Und die gemeinsame Aufgabe?

„Nur sollten wir an ihre Armen denken, und das zu tun, habe ich mich eifrig bemüht“ (Gal 2,8–10).

Auch in der Struktur der Gemeinden und der Gestaltung ihres Lebens kamen die unterschiedlichen Möglichkeiten – je nach den einzelnen Geistesgaben – zur Geltung. So entwickelte sich in den paulinischen eine mehr „charismatische“ Gemeindestruktur, während sich später mehr und mehr eine hierarchisch geprägte durchsetzte (vgl. die Pastoralbriefe).

So wie die frühen Christengemeinden nach dem Vorbild der Jüngerschar um Jesus sich im Glauben an den Auferstandenen bildeten und – je nach ihrer unterschiedlichen Vorgeschichte und im Zusammenwirken mit den in ihrer Mitte entdeckten besonderen Geistesgaben – das „neue Leben“ lebten, so ist es bleibende Aufgabe in der Kirche Jesu Christi. Gemeinsam stehen wir inmitten einer Welt, die noch nichts oder nichts mehr von Christus und seinem Heil weiß oder wissen will. Darum heißt es ernst machen mit der gleichen gemeinsamen Würde in aller Unterschiedenheit: „Denn ihr alle, die ihr auf Christus getauft seid, habt Christus (als Gewand) angelegt. Es gibt nicht mehr Juden und Griechen, nicht Sklaven und nicht Freie, nicht Mann und Frau; denn ihr alle seid ‚einer‘ in Christus Jesus“ (Gal 3,27f).

2.3.2 Die Frau in der Kirche

Es ist um so bedauerlicher, daß diese vom Herrn der Kirche gewollte und begründete Gleichrangigkeit und damit auch die gleiche Teilhabe an seiner Sendung bis heute nicht voll verwirklicht ist. Das gilt insbesondere auch von der Stellung der Frau in der Kirche. Erst langsam setzt sich wieder durch, was für Paulus selbstverständlich war. Er nennt in seiner ausführlichen Grußliste am Schluß des Römerbriefes z. B. Phöbe „die Dienerin der Gemeinde von Kenchreä“. Er bezeichnet Priska und ihren Mann Aquila als seine “Mitarbeiter in Christus Jesus“. Ihnen gilt nicht nur der Dank des Apostels selbst. Vielmehr danken ihnen „alle Gemeinden der Heiden“ und all die anderen, die er aufzählt oder einschließt – Frauen und Männer in gleicher Weise –, die teilhaben am apostolischen Dienst in den Gemeinden (vgl. Röm 16,1–16 u. a.). „Diakonin“, „Apostolin“ für die neuen Gemeinden in Asien und Europa sind Frauen, deren Häuser oft zugleich als Zentren für die jungen Ortskirchen dienen (vgl. Röm 16 u. a.).

So ist es dem Willen Christi entsprechend, wenn Frauen heute in der Kirche, besonders auch in ihren Gemeinden, die Communio untereinander ernst verletzt sehen, wenn ihnen nicht selbstverständlich alle jene Dienste in Kirche und Gesellschaft offenstehen, die Männern mit vergleichbaren Charismen fraglos zugestanden sind. Ja, es muß auch die heute zunehmend gestellte Frage ernsthaft geprüft werden, ob der Frau der Zugang zum Weiheamt, besonders zum Weihediakonat, weiter verschlossen bleiben muß. Selbstlose Offenheit und Ehrlichkeit des Dialogs, Anerkennung des Selbstverständnisses von Frauen heute und ihre entsprechende Mitwirkung müssen im Mit- und Füreinander in Kirche und Öffentlichkeit selbstverständlich werden.

2.3.3 Versöhnung mit Gott und miteinander

Alle diese vielfältigen Berufungen und Dienste fordern von jedem einzelnen, von Priestern und Laien, von Männern und Frauen, ein hohes Maß an selbstloser Einsatzbereitschaft. Dabei – wie könnte es bei der Gebrechlichkeit unseres sündigen Menschseins anders sein – zeigen sich auch all die Schwächen, Fehler, Unzuträglichkeiten und Unzulänglichkeiten, die wahre Communio miteinander oft so schwer machen. Wie sehr ist da Geduld miteinander und Vergebung untereinander gefragt! Jesu Wort an Petrus, der wissen will, „wie oft muß ich meinem Bruder vergeben, wenn er sich gegen mich versündigt? Siebenmal?" – „Nicht siebenmal, sondern siebenundsiebzigmal" (Mt 18,21f) – ist unmißverständliche Weisung für den brüderlich-schwesterlichen Umgang miteinander. Und die immer wieder erneuernde Kraft dazu schenkt das Sakrament der Versöhnung. Denn die „zum Sakrament der Buße hinzutreten, erhalten für ihre Gott zugefügten Beleidigungen von seiner Barmherzigkeit Verzeihung **und werden zugleich mit der Kirche versöhnt,** die sie durch die Sünde verwundet haben und die zu ihrer Bekehrung durch Liebe, Beispiel und Gebet mitwirkt" (LG 11).

Nicht umsonst steht auch am Beginn jeder Eucharistiefeier der Bußakt, und im Vaterunser ist die Bitte an Gott um Vergebung der eigenen Schuld gebunden an die Bereitschaft zur Vergebung untereinander. Erst dann kann das eucharistische Mahl nicht nur Communio mit Christus und durch ihn mit dem dreifaltigen Gott schenken, sondern auch Communio untereinander stiften und ihre ständige Nahrung sein.

2.3.4 Einübung in Partnerschaft

Gerade das Wissen um Gleichgültigkeit, Unzulänglichkeit, das Festhalten an liebgewordenen Vorstellungen, eigene Bequemlichkeit, aber auch Eifersucht, Rivalität und Eigensinn machen es notwendig, für gewisse Rahmenbedingungen eines guten Miteinanders in der Kirche zu sorgen. Das II. Vatikanische Konzil, aber auch die späteren Bischofssynoden haben Überlegungen dazu angestellt. In ihrem Gefolge sind auf den verschiedenen Ebenen des kirchlichen Lebens Gremien der Mitsorge und Mitverantwortung entstanden, in denen vor allem die Teilhabe der Laien an der Heilssendung der Kirche aus ihrer Befähigung kraft Taufe und Firmung geordnet werden soll (vgl. LG 33). So hat bereits das Dekret über das Apostolat der Laien bestimmt: „In den Diözesen sollen nach Möglichkeit beratende Gremien eingerichtet werden, die die apostolische Tätigkeit der Kirche im Bereich der Evangelisierung und Heiligung, im caritativen und sozialen Bereich und in anderen Bereichen bei entsprechender Zusammenarbeit von Klerikern und Ordensleuten mit den Laien unterstützen. Unbeschadet des je eigenen Charakters und der Autonomie der verschiedenen Vereinigungen und Werke der Laien werden diese Beratungskörper deren gegenseitiger Koordinierung dienen können. Solche Gremien sollen, soweit wie möglich, auch auf pfarrlicher, zwischenpfarrlicher und interdiözesaner Ebene, aber auch im nationalen und internationalen Bereich geschaffen werden“ (AA 26).

Bei so umfassender Mitverantwortung darf es nicht nur beim guten Willen der Beteiligten bleiben. Sondern es kommt auf die ständige Einübung eines partnerschaftlichen Miteinanders an. Das geht nicht ohne die Bereitschaft zur Vertiefung des Lebens in der Nachfolge Christi sowie zum Erwerb einer zeit- und situationsgemäßen gesamtmenschlichen Bildung (vgl. auch AA 28; 29; 31).

Inzwischen sind bereits vielfältige Voraussetzungen solcher Communio miteinander geschaffen worden. Aber ihre Umsetzung in die Wirklichkeit des alltäglichen Lebens in der Kirche läßt noch vielfach zu wünschen übrig. Da, wo mit der Vertiefung der Einwurzelung in Gott radikal ernst gemacht wird, gelingt auch am ehesten, daß das wahre Antlitz der Kirche als Communio aufleuchtet, ist sie doch zutiefst „communio sanctorum – Gemeinschaft der Heiligen". „Und Gemeinschaft der Heiligen" – so hat es Papst Paul VI. am Tag nach dem Konzil erklärt – „bedeutet eine zweifache lebensmäßige Teilhabe: die Eingliederung der Christen in das Leben Christi **und das kreisförmige Weiterströmen der Liebe unter allen Gläubigen** in dieser und der anderen Welt. Einheit mit Christus und in Christus; und Einheit unter den Christen in der Kirche" (zitiert in: CfL 19).

I 3 KIRCHE UND GEMEINDE – GESANDT IN DIE WELT

Was ist das eigentlich: „die Welt"?

Diese Frage brauchten wir uns doch wahrhaftig nicht zu stellen! Die Welt ist doch der Raum, in dem wir uns bewegen, die Luft, die wir atmen, das „Innen" und „Außen" unserer Existenz. Die Welt – das sind doch wir selbst!

Und doch trifft das augenscheinlich nicht die volle Wirklichkeit – denn wenn wir mit Recht sagen „Wir **und** die Welt", dann ist sie auch unser Gegenüber. Ja, dann gibt es eine Beziehung zwischen ihr und uns; wir können zu ihr „Ja" oder „Nein" sagen, wir können sie sogar lieben oder hassen. Auf jeden Fall müssen wir Stellung zu ihr beziehen.

Aber ist das nicht etwas Eigentümliches, ja Widersinniges – **die** Welt lieben oder hassen oder gar beides zugleich?

3.1 Das „Doppelgesicht" der Welt: gute Schöpfung Gottes – im Widerspruch zu Gott

„Welt" ist ein mehrdeutiges Wort. Es begegnet uns nicht immer im gleichen Sinn. „Welt" und „Welt" – das ist nicht immer dasselbe.

Lesen wir nicht z. B. in der Heiligen Schrift einerseits: „Gott der Väter und Herr des Erbarmens, du hast das All durch dein Wort gemacht. Den Menschen hast du durch deine Weisheit erschaffen, damit er über deine Geschöpfe herrscht. Er soll die Welt in Heiligkeit und Gerechtigkeit leiten und Gericht halten in rechter Gesinnung" (Weish 9,1–3)?

Aber auch das andere gilt: „Liebt nicht die Welt und was in der Welt ist! Wer die Welt liebt, hat die Liebe zum Vater nicht." Und „alles, was von Gott stammt, besiegt die Welt. Und das ist der Sieg, der die Welt besiegt hat: unser Glaube" (1 Joh 2,15; 5,4).

Es gibt also dieses „Doppelgesicht" der Welt: einerseits ist sie Gottes gute Schöpfung – „Gott sah alles an, was er gemacht hatte: Es war sehr gut" (Gen 1,31). Andererseits steht „Welt" Gott feindlich gegenüber – „die ganze Welt steht unter der Macht des Bösen" (1 Joh 5,19).

Und auch das ist noch nicht alles. Diese seine zwar gute Schöpfung steht auch unter dem „Gesetz der Sünde und des Todes" (Röm 8,2). Und doch hat Gott sie „so sehr geliebt, daß er seinen einzigen Sohn hingab, damit jeder, der an ihn glaubt, nicht zugrunde geht, sondern das ewige Leben hat. Denn Gott hat seinen Sohn nicht in die Welt gesandt, damit er die Welt richtet, sondern damit die Welt durch ihn gerettet wird" (Joh 3,16f).

Wenn Gott auch „in Christus die Welt mit sich versöhnt hat" (2 Kor 5,19), so bleibt ihr dennoch die Zwiespältigkeit, solange diese Weltzeit andauert.

Und darum bleibt auch der Kirche die ständige Aufgabe, sich dieser „doppelgesichtigen“ Welt auszusetzen und ihren Weg im Sinne Christi zu begleiten, der die Seinen „zu allen Völkern“ gesandt hat, um „alle Menschen“ zu seinen Jüngern zu machen (vgl. Mt 28,19).

3.2 Weltdienst der Kirche – „für“ die Welt, „gegen“ die Welt

Das ist gemeint, wenn das II. Vatikanische Konzil sagt: „Die Kirche ist von Gott gesandt, die Liebe Gottes allen Menschen und Völkern zu verkünden und mitzuteilen“ (AG 10). „Sakrament“ für das Heil der Welt, Zeichen der Gegenwart Gottes unter den Völkern zu sein, Christi Erlösungsgnaden allen zu schenken, die sich ihm öffnen – das ist ihre Sendung (vgl. LG 1).

Wie schwierig diese Sendung ist, läßt sich an der ständig wechselnden „Gewichtsverteilung“ zwischen der Schöpfungs- und Erlösungswirklichkeit in ihr erkennen. Auf der einen Seite steht der „Anteil“ der Gnade in ihr. Demgegenüber herrscht das „Säkulare“, das in unserem gewöhnlichen Sprachgebrauch „eigenständig Weltliche“, bis hin zu dem immer weiter um sich greifenden „Säkularismus“, jenem „Anteil“ des Widergöttlichen in ihr.

In diese Welt ist die Kirche hineingestellt – ihr muß sie die Antwort Gottes auf ihre Fragen und Anliegen verkünden. Ihr muß sie durch ihr Vor-leben bezeugen, was es heißt, „schon in dieser geschichtlichen Zeit der Menschheit die Familie der Kinder Gottes zu bilden“ – „hervorgegangen aus der Liebe des ewigen Vaters, in der Zeit gestiftet von Christus, dem Erlöser, geeint im Heiligen Geist“. Mit der ganzen Menschheit soll sie auf „das endzeitliche Heil“ zugehen, das allerdings „erst in der künftigen Weltzeit voll verwirklicht werden kann“ (GS 40).

Darum hat die Kirche sich – zwar mit einer gesunden Unterscheidung, aber ohne Berührungsängste – ihre Existenz inmitten der Welt und ihr Dasein für die Welt neu ins Bewußtsein gerufen. Sie hat keineswegs einer Trennung „zwischen den natürlichen Aspekten und jenen der Gnade“ das Wort geredet und keine falschen und unnützen Gegensätze, „wie zum Beispiel zwischen geistlicher Sendung und Dienst an der Welt“ aufgebaut (vgl. Bischofssynode a. a. O., Schlußdokument S. 44). Darum sagt das Konzil: „Freude und Hoffnung, Trauer und Angst der Menschen von heute, vor allem der Armen und Bedrängten aller Art, sind auch Freude und Hoffnung, Trauer und Angst der Jünger Christi. Und es gibt nichts wahrhaft Menschliches, das nicht in ihren Herzen seinen Widerhall fände. Ist doch ihre eigene Gemeinschaft aus Menschen gebildet, die, in Christus geeint, vom Heiligen

Geist auf ihrer Pilgerschaft zum Reich des Vaters geleitet werden und eine Heilsbotschaft empfangen haben, die allen auszurichten ist. Darum erfährt diese Gemeinschaft sich mit der Menschheit und ihrer Geschichte engstens verbunden" (GS 1).

Das enthebt sie nicht der Verpflichtung, die Entwicklungen in der Welt sorgfältig zu analysieren und aufzudecken, wo „die Wertordnung verzerrt und Böses mit Gutem vermengt wird" (vgl. GS 37). Darum braucht sie die Gabe der „Unterscheidung der Geister", um entweder ihr Nein oder ihr Ja zur Welt zu sagen. Darum hat das Konzil auch beides angesprochen und neu eingeschärft: „Die ganze Geschichte der Menschheit durchzieht ein harter Kampf gegen die Mächte der Finsternis, ein Kampf, der schon am Anfang der Welt begann und nach dem Wort des Herrn bis zum letzten Tag andauern wird ... Deshalb kann die Kirche Christi nicht davon absehen, das Wort des Apostels einzuschärfen: ‚Macht euch nicht dieser Welt gleichförmig' (Röm 12,2)" (GS 37). Darüber darf allerdings auch nicht vergessen werden: „Als von Christus erlöst und im Heiligen Geist zu einem neuen Geschöpf gemacht, kann und muß der Mensch die von Gott geschaffenen Dinge lieben. Von Gott empfängt er sie, er betrachtet und schätzt sie als Gaben aus Gottes Hand. Er dankt seinem Wohltäter für die Gaben; in Armut und Freiheit des Geistes gebraucht und genießt er das Geschaffene; so kommt er in den wahren Besitz der Welt als einer, der nichts hat und doch alles besitzt. ‚Alles gehört euch, ihr aber gehört Christus und Christus Gott' (1 Kor 3,22–23)" (GS 37).

Darum muß die Kirche, müssen die Gemeinden sich „einmischen" in die Welt, müssen als „Sachwalter" Gottes sein Eigentum – seine Schöpfung – bewahren und pflegen. Sie müssen sich vor allem für die Würde, das Wohlergehen, den Frieden der Menschen einsetzen, der kostbarsten Geschöpfe Gottes. Ihr Urbild und Vorbild ist Christus, wie er segnend und heilend, tröstend und ermahnend durch das Land zog, wie er die Großtaten Gottes verkündete, aber dann auch Gottes Anspruch – „Du sollst", „Du sollst nicht" – um des Zusammenlebens der Menschen in Liebe und Frieden willen unmißverständlich einprägte. Ebenso muß die Kirche in die heutige Welt mit all ihren Problemen „eintauchen" und sich im Geiste Christi für das Heil der Menschen einsetzen. Dabei muß sie sowohl Heilsvermittlungs- als auch Wächterdienste leisten.

Darum muß die Kirche überall da ihre Stimme erheben, wo Gottes Schöpfungsauftrag mißverstanden oder gar mißachtet wird. Gottes Segen für die gesamte Welt- und Menschheitsgeschichte – „Seid fruchtbar und vermehrt euch, bevölkert die Erde, unterwerft sie euch, und herrscht über die Fische des Meeres, über die Vögel des Himmels und über alle Tiere, die sich auf dem Land regen“ (Gen 1,28) – heißt nicht: Beutet die Erde aus, unterwerft sie euren Begierden und Gelüsten, verbraucht sie um eurer Profitgier willen. Gottes Segen und Auftrag lautet vielmehr: Pflegt die Erde, nutzt sie zur Nahrung und zur Kultur für alle – nicht für einige wenige. Erforscht ihre Schätze und Energien zum Wohl aller, nicht zu Krieg und Zerstörung – auch nicht, um Machtmonopole zu schaffen, durch die einer den anderen, ein Volk das andere beherrscht und unterdrückt.

Viele Güter der Erde, viele ihrer Energien sind ambivalent, man kann sie sowohl zum Aufbau als auch zur Vernichtung gebrauchen. An den Zugängen zu ihrer Nutzung muß die „Wache Gottes“ stehen, ein „Cherub“, der die Kräfte dieser Welt vor dem Mißbrauch schützt.

Nicht auf alle Fragen in Familie und Gesellschaft, in Politik und Wirtschaft, in Bildung und Kultur gibt es heute sofort eine eindeutige Antwort. Auf das damit verbundene Risiko einer Fehlinterpretation und einer falschen Antwort muß der Christ sich heute einlassen. Der gemeinsame Glaubenssinn, das Gebet um das Licht des Geistes der Wahrheit, das Zusammenwirken von weltlicher und geistlicher Sachkompetenz – das alles dient dazu, den Herausforderungen unserer Welt und Zeit im offenen Dialog untereinander und mit allen Menschen guten Willens zu begegnen.

Oft wird das „Ja zu allen wahrhaft menschlichen Werten, besonders der Verteidigung der Würde der menschlichen Person und der fundamentalen Menschenrechte, des Friedens, der Freiheit und der Gerechtigkeit“ (Bischofssynode a. a. O., Kommentar, S. 100/101) angesichts der immer komplexer werdenden Probleme zu einer „Gratwanderung“ für die Kirche. Ein paar willkürlich herausgegriffene Stichworte mögen das beispielhaft verständlich machen: Kernenergie – Genforschung und Gentechnologie – Schutz des Lebens, vom noch ungeborenen bis zum absterbenden – menschenwürdiges Altwerden und Sterben – Grenzfragen der Medizin, wie etwa Organtransplantationen, und vieles andere mehr. Dazu kommen die oft so schnellen Wandlungen im Sozialgefüge, der zunehmende Einfluß des immer dichter und differenzierter werdenden Netzes der Massenkommunikationsmittel.

Zwar ist uns zunächst das Nachdenken über die Übersetzung der Botschaft Jesu in **unser** Heute aufgegeben – „aggiornamento“ hat Papst Johannes XXIII. das genannt. Aber wir müssen auch über die Grenzen Europas hinausblicken: denn es geht ebenso um die Einwurzelung der gleichen Botschaft Jesu in die Kulturen Asiens, Afrikas und Lateinamerikas – wir nennen das „Inkulturation". Wenn wir diese Verantwortung der Kirche gegenüber der gesamten Welt von heute mit einem gemeinsamen Namen versehen wollen, geht es um die **„Evangelisierung"**. Und „Evangelisieren ist in der Tat die Gnade und die eigentliche Berufung der Kirche, ihre tiefste Identität" (EN 14).

Was das angesichts der weltweiten Probleme der Armut gegenüber einem unangemessenen Reichtum, des Hungers gegenüber einer unverantwortlichen Übersättigung und Überproduktion bedeutet, müssen sowohl die „reichen" als auch die „armen" Kirchen prüfen. Gottes Heil bezieht sich nicht nur auf das „Heil der Seele", sondern auch auf die innerweltliche Entwicklung zum Wohl aller.

Zusammenfassen kann man es mit den Worten Papst Pauls VI.: „Zwischen Evangelisierung und menschlicher Entfaltung – Entwicklung und Befreiung – bestehen in der Tat enge Verbindungen: Verbindungen anthropologischer Natur, denn der Mensch, dem die Evangelisierung gilt, ist kein abstraktes Wesen, sondern sozialen und wirtschaftlichen Problemen unterworfen; Verbindungen theologischer Natur, da man ja den Schöpfungsplan nicht vom Erlösungsplan trennen kann, der hineinreicht bis in die ganz konkreten Situationen des Unrechts, das es zu bekämpfen gilt. Verbindungen schließlich jener ausgesprochen biblischen Ordnung, nämlich der der Liebe. Wie könnte man in der Tat das neue Gebot verkünden, ohne in der Gerechtigkeit und im wahren Frieden das echte Wachstum der Menschen zu fördern? Wir haben es für nützlich erachtet, das selbst hervorzuheben, indem Wir daran erinnert haben, daß es unmöglich ist, ‚daß das Werk der Evangelisierung die äußerst schwierigen und heute so stark erörterten Fragen vernachlässigen kann und darf, die die Gerechtigkeit, die Befreiung, die Entwicklung und den Frieden in der Welt betreffen. Wenn das eintreten würde, so hieße das, die Lehre des Evangeliums von der Liebe zum leidenden und bedürftigen Nächsten vergessen'" (EN 31).

3.3 Spezifischer Weltdienst der Laien

Wenn auch – wie betont – die „welthafte Dimension" wesenhaft zur gesamten Kirche, „zu ihrer Sendung gehört" (vgl. Papst Paul VI., zitiert in: CfL 15), so ist doch „den Laien" „der Weltcharakter in besonderer Weise eigen" (LG 31). „Sie leben in der Welt, das heißt in all den einzelnen irdischen Aufgaben und Werken und den normalen Verhältnissen des Familien- und

Gesellschaftslebens, aus denen ihre Existenz gleichsam zusammengewoben ist. Dort sind sie von Gott gerufen, ihre eigentümliche Aufgabe, vom Geist des Evangeliums geleitet, auszuüben und so wie ein Sauerteig zur Heiligung der Welt gewissermaßen von innen her beizutragen und vor allem durch das Zeugnis ihres Lebens, im Glanz von Glaube, Hoffnung und Liebe Christus den anderen kund zu machen. Ihre Aufgabe ist es also in besonderer Weise, alle zeitlichen Dinge, mit denen sie eng verbunden sind, so zu durchleuchten und zu ordnen, daß sie immer Christus entsprechend geschehen und sich entwickeln und zum Lob des Schöpfers und Erlösers gereichen" (LG 31).

Diese Weltverantwortung zur Mitgestaltung von Gesellschaft und Kultur mit allem, was darin einbegriffen ist, darf nicht als das „Hobby" einiger weniger mißverstanden werden. Vielmehr gehört es zu jenem Zeugnis des Christen schlechthin, der in all seinem Tun „den neuen Menschen", der er durch die Taufe geworden ist und der in der Kraft des Heiligen Geistes „durch die Firmung gestärkt" wurde, in der Welt offenkundig machen muß (vgl. AG 11). Die Firmung ist ja das Sakrament, das zu jener Mündigkeit befähigt, in der der Christ „am heutigen sozialökonomischen Fortschritt" mitwirken und überall „für Gerechtigkeit und Liebe" eintreten soll. So kann er „viel beitragen zum Wohl der Menschheit und zum Frieden auf dieser Welt" (vgl. GS 72).

So ist zuerst die gesamte Sendung der Kirche – nicht nur in ihrem eigenen Bereich, sondern auch und gerade in der Durchdringung der Welt – insbesondere umfangen vom Sakrament der Firmung.

3.4 Ehe und Familie im Weltdienst der Kirche

Darüber hinaus ist aber vor allem jener Lebensstand durchheiligt, den „der Schöpfer" „zum Ursprung und Fundament der menschlichen Gesellschaft bestimmt" hat, „die eheliche Gemeinschaft" – hat er sie doch „durch seine Gnade zu einem großen Geheimnis in Christus und seiner Kirche (vgl. Eph 5,22) gemacht" (AA 11). Das heißt: der eheliche Liebesbund ist für seine vielfältigen „Innen"- und „Außen"aufgaben durch die besondere Gnade eines Sakramentes ausgerüstet. Damit gewinnt „das Apostolat der Eheleute und Familien eine einzigartige Bedeutung für die Kirche wie für die menschliche Gesellschaft." Nach „innen" gilt: „Die christlichen Eheleute sind füreinander, für ihre Kinder und die übrigen Familienangehörigen Mitarbeiter der Gnade und Zeugen des Glaubens. Ihren Kindern sind sie die ersten Künder und

Erzieher des Glaubens.“ Unmittelbar damit verbunden ist die energische Vertretung der darin eingeschlossenen Rechte nach außen, um gemeinsam mit allen übrigen Christen und allen Menschen guten Willens „die Würde und das rechtmäßige Eigenleben zu verteidigen“ und dafür zu sorgen, daß „diese Rechte in der bürgerlichen Gesetzgebung gesichert bleiben“ (AA 11).

Der gesellschaftliche Auftrag der Ehe und Familie „nach außen“ ist vielfältig. Papst Johannes Paul II. betont besonders den „Dienst an den Armen und allgemein an jenen Personen und Lebenssituationen, welche die öffentliche Organisation der Vorsorge und Fürsorge nicht zu erreichen vermag“. Dazu zählen Förderung des sozialen Beitrags der Familie für die Gesellschaft, Gastfreundschaft in allen Formen, politisches Handeln, besonders im Rahmen der Familienpolitik, und vieles andere mehr (vgl. FC 44). Zusammenfassend begründet der Papst: „Der gesellschaftliche Auftrag, der jeder Familie eigen ist, kommt der christlichen Familie, die auf das Ehesakrament gegründet ist, aus einem neuen und eigenständigen Grunde zu. Indem dieses Sakrament die menschliche Wirklichkeit ehelicher Liebe in all ihren Bezügen aufgreift, befähigt und verpflichtet es die christlichen Ehegatten und Eltern, ihre Berufung als Laien zu erleben, und so ‚in der Behandlung und gottgewollten Gestaltung der weltlichen Dinge das Reich Gottes zu suchen‘.

Der gesellschaftliche und politische Auftrag gehört zu jener königlichen, dienenden Sendung, an der die christlichen Eheleute kraft des Ehesakramentes teilhaben. Dabei erhalten sie einen Auftrag, dem sie sich nicht entziehen können, und empfangen zugleich eine Gnade, die sie darin stützt und ermutigt.

So ist die christliche Familie dazu berufen, allen Zeugnis zu geben von einem hochherzigen und selbstlosen Einsatz für die sozialen Probleme, vorzugsweise zugunsten der Armen und Verstoßenen. Auf dem Wege der Nachfolge des Herrn in einer tiefen Liebe zu allen Armen muß die christliche Familie darum in besonderer Weise ein Herz haben für die Hungernden, die Bedürftigen, die Alten, die Kranken, die Süchtigen, die Alleinstehenden“ (FC 47).

Ebenso wie die Gemeinde nicht nur auf sich selbst und ihr kleines Umfeld schauen darf, kann auch die Familie sich nicht aus der Mitverantwortung für die weltweiten Probleme herausstehlen. Vielmehr geht es darum, „auch an einer neuen internationalen Ordnung mitzuwirken; denn nur in weltweiter Solidarität können die ungeheuren dramatischen Probleme der Gerechtigkeit in der Welt, der Freiheit der Völker und des Friedens unter den Menschen angegangen und gelöst werden“ (FC 48).

3.5 Weltdienst der Kirche an den „Schwachen“

Unter der Vielzahl der Herausforderungen, vor die sich die christlichen Gemeinden – nicht nur die gesamte Kirche – gestellt sehen, gilt es, eine Gruppe der Schwachen und der Hilfe Bedürftigen im Blick zu haben, die man besonders leicht in den Bereich von Institutionen verweist oder gar der Sorge einzelner überläßt und dadurch nur gar zu gern aus dem Bewußtsein verdrängt: das sind die Kranken, zumal die Sterbenden. Unsere moderne Leistungsgesellschaft kann Krankheit und Tod nicht „gebrauchen“ – darum wird beides in die Anonymität abgeschoben, so wie das weitgehend auch für viele andere caritative Dienste gilt, für die es ja die „zuständigen“ Verbände und Organisationen gibt.

Wenn die Kirche „Sakrament“ ist – das heißt Anwesenheit der Liebe Christi und des von ihm geschenkten Heil-Seins für den ganzen Menschen –, dann muß sie sich wie ihr Herr gerade der Kranken und vom Tode Gezeichneten annehmen. Denn Jesus hat vornehmlich an ihnen sein Erlösungswirken bekundet, das ja den ganzen Menschen mit Leib und Seele meint. Wiederum sind es die ersten christlichen Gemeinden gewesen, die die Fortdauer dieser Seite des Wirkens Christi begriffen und Krankheit als Unheil der Kraft eines eigenen Heilszeichens, eines Sakramentes, unterworfen haben: „Ist einer von euch krank? Dann rufe er die Ältesten der Gemeinde zu sich; sie sollen Gebete über ihn sprechen und ihn im Namen des Herrn mit Öl salben. Das gläubige Gebet wird den Kranken retten, und der Herr wird ihn aufrichten; wenn er Sünden begangen hat, werden sie ihm vergeben“ (Jak 5,14f).

Solche Sorge um den kranken Menschen erzeugt in gnadenhafter Wechselwirkung in diesem die Bereitschaft, gemeinsam mit allen „von verschiedenen Mühseligkeiten Bedrückten“, „sich in besonderer Weise mit Christus in seinem Leiden für das Heil der Welt“ einzusetzen und so ihren spezifischen „Weltdienst“ zu leisten (vgl. LG 41).

In der Kraft solchen Gebens und Nehmens wird auch die heute so weit verbreitete Verdrängung des Todes überwunden. Dann wird die unvermeidliche Rätselhaftigkeit, ja, alles Entsetzen und alle Angst angesichts des Todes aufgefangen durch die gläubige Zuversicht des Sterbenden, aber auch aller, die Zeugen des Sterbens sind: „Der Tod wird besiegt sein, die Kinder Gottes werden in Christus auferweckt werden, und was in Schwachheit und Verweslichkeit gesät wurde, wird sich mit Unverweslichkeit bekleiden“ (GS 39). Denn so betont Paulus bereits im Römerbrief: „Wenn der Geist dessen, der Jesus von den Toten erweckt hat, in euch wohnt, wird er, der Jesus Christus von den Toten erweckt hat, auch eure sterblichen Leiber lebendig machen wegen des in euch wohnenden Geistes“ (Röm 8,11).

Vollendung von Taufe und Firmung, Erfüllung dessen, was die Eucharistie im Schleier der Zeichen schenkt, im ewigen Gastmahl der Herrlichkeit Gottes – das als Inhalt des Mysteriums „Tod“ zu vermitteln, gehört wesenhaft zum Weltdienst der Kirche.

I 4 „Worauf es uns ankommt“

Kirche – Gottes „Traum“ von der Menschheit!
Kirche – Christi Geschenk an die Menschheit!
„Kirche – Gemeinschaft mit Gott
miteinander
für die Welt“!

So müßte Kirche Gestalt gewinnen, um Ziel unserer Sehnsucht sein zu können und um ihre Vollendung im Reich Gottes zu finden. Erst dann wird einmal „der Sohn“ mit allen, die sich zu ihm bekennen, „sich dem unterwerfen, der ihm alles unterworfen hat, damit Gott herrscht über alles und in allem“ (1 Kor 15,28).

Aber wir sind noch auf dem Weg – pilgernde Kirche. Dieser Weg ist oft verschlungen, unübersichtlich; er scheint sich zu verlieren, so daß wir ihn nicht mehr zu finden meinen. Da sieht man sich nach Weggefährten um und sucht nach Wegweisern.

Wenn Kirche Communio ist, dann brauchen wir eigentlich nicht erst nach Weggefährten zu suchen. Aber gerade dort, wo der Weg steil und „unwegsam“ wird, empfiehlt es sich, ja, es ist unter Umständen unabdingbar – wie bei einer Hochgebirgswanderung –, „Seilschaften“ zu bilden. Jedoch auch auf weniger steilen Wegen sind „Wandergruppen“ nicht nur zweckmäßig, sondern oft notwendig.

Und die Wegweiser? Gottes Wort, wie es uns die Heilige Schrift aufbewahrt! Oft erscheint die Sprache auf diesen Wegweisern „verschlüsselt“. Da ist es naheliegend, daß die zu einer „Seilschaft“ oder einer „Wandergruppe“ zusammengeschlossene kleine Gemeinschaft in gemeinsamem Bemühen nach den „Schlüsseln“ sucht, um die Wegweiser zu entziffern, ihre Bedeutung für den weiteren Verlauf des Weges zu erkennen und die „nächsten Schritte“ zu planen.

4.1 Weggemeinschaft auf dem Pilgerweg der Kirche: Kleine christliche Gemeinschaften

Die Pilgerschaft in überschaubaren Gruppen ist nicht nur ein schönes Bild. Die Kirche – in dieser Erdenzeit unterwegs – ist nicht nur eine einzige große Schicksalsgemeinschaft mit ihrem Herrn. Sondern Christus sendet immer wieder kleine, aufeinander verwiesene Jüngergemeinschaften aus, um seine Heilsbotschaft weiterzutragen. Sie sollen vor allem vorleben, wie Nachfolge Christi im Hier und Heute verwirklicht werden kann.

Die Formen und der Lebensstil solcher kleinen Jüngergemeinschaften mögen im einzelnen unterschiedlich sein, so verschiedenartig, wie die Lebensbedingungen nun einmal sind. Dennoch müssen sie mancherlei gemeinsam haben, wenn sie „Gliedgemeinschaften“ auf dem Weg bleiben wollen, der Christus selbst ist: er – „der Weg und die Wahrheit und das Leben“ (Joh 14,6).

Versuche, solche intensiven kleinen Gemeinschaften zu bilden und um einen gemeinsamen christlichen Lebensstil zu ringen, der zugleich „anstekkend“ auf andere wirken kann, sind inzwischen mit vielfältigen Schwerpunktsetzungen unternommen worden. Schon in der vorkonziliaren Zeit, vor allem aber unter dem Eindruck des geistlichen Aufbruchs, den das II. Vatikanische Konzil gebracht hat, entstand eine Reihe von geistlichen Gemeinschaften. Priester und Laien, Ehepaare und Familien, aber auch Unverheiratete sammeln sich unter einem bestimmten geistlichen Ideal und entwickeln neue Formen von Spiritualität.

Aber das ist nicht alles – denn auch die Gemeinden brauchen kleine Weggemeinschaften, um in unserer pluralistischen, oft weit vom christlichen Leben entfernten Welt sich gegenseitig im Glauben zu stärken und diesen Glauben „weiterzugeben“. Sie können aber auch nur noch gemeinsam den Anforderungen aus Politik und Wirtschaft, aus Wissenschaft und Kunst – kurz aus der Gesellschaft nah und fern gerecht werden.

Hier haben die Basisgemeinden und -gemeinschaften, besonders in Afrika und Lateinamerika, neue Wege gemeinsamen Christseins gefunden. Gewiß ist der Leidensdruck aus ihrer gemeinsamen gesellschaftlichen und vor allem wirtschaftlichen Not, aber auch aus ihrem extremen Mangel an regelmäßiger eucharistischer Gemeinschaft und an Christusbegegnung auch in den übrigen Sakramenten ein tragender Grund für ihre Entstehung gewesen. Sie haben das neue Verständnis von Kirche nach dem II. Vatikanum ernst genommen und auf ihre Verhältnisse angewandt.

Die Formen dieser Basisgruppen sind nicht ohne weiteres übertragbar. Aber das, was sie zutiefst prägt und was auch Grundlage der neuen geistlichen Gemeinschaften ist, sollte uns gleich ihnen nach neuen Möglichkeiten suchen lassen, Kirche als Weggemeinschaft zu leben.

Solchen kleinen Gemeinschaften ist es aufgegeben, konkrete Wege zur Verwirklichung dessen ausfindig zu machen, was zunächst allen Christen gemeinsam sein muß: immer mehr Kirche in ihrer dreifachen „Gemeinschaftsgestalt“ – mit Gott, miteinander, für die Welt – zu werden. Aber sie sollen in größerer Nähe zueinander radikaler „Jüngerschaft Christi“ werden.

Notwendig bleiben die „Gemeinden“ – denn sie sind „Eucharistische

Gemeinschaft", „Gemeinschaft des Glaubens" (vgl. CfL 26). Aber das allein genügt nicht. Es genügen auch nicht die vielen „Formen der Zusammenarbeit zwischen Pfarreien und auf Dekanatsebene". „Viele Orte und Formen der Präsenz und Wirksamkeit der Kirche sind notwendig, um das Wort und die Gnade des Evangeliums in die verschiedenen Lebenssituationen des modernen Menschen hineinzutragen." Mehr noch als eine Veränderung der vielfältigen Strukturen des Apostolates sind „die kleinen Basisgemeinschaften, auch lebendige Gemeinden genannt, in denen die Gläubigen einander das Wort Gottes verkündigen und im Dienst und in der Liebe tätig werden können". „Diese Gemeinden sind in Gemeinschaft mit ihren Hirten wahre Konkretisierungen der kirchlichen communio und Zentren der Evangelisierung" (vgl. CfL 36).

Wie kann solche gemeinsame Jüngerschaft, solche Weggemeinschaft auch bei uns verwirklicht werden?

Vor einer Suche nach möglichen Formen darf niemand meinen, eine solche kleine Gemeinschaft christlichen Lebens ließe sich „machen", „beschließen" oder gar „anordnen". Voraussetzung ist, daß Menschen sich zusammenfinden mit dem festen Willen, ihren geistlichen Weg zu gehen. Das heißt, sie müssen aus der Mitfeier der Eucharistie leben; sie müssen ihre Kraft aus Gebet und Betrachtung der Heiligen Schrift zu schöpfen versuchen. Und sie müssen bereit sein, ihre Charismen mit anderen zusammen im Dienst in und an der Kirche, in und an der Welt einzusetzen.

Wie sie sich zusammenfinden, um in engerer Beziehung zueinander gemeinsame Formen ihres Christseins zu entwickeln, ist in unseren so komplexen und komplizierten Lebensbedingungen in vielfältiger Weise möglich. „Zusammenfinden könnten sich Menschen ähnlicher Voraussetzungen in Alter, Geschlecht, Familiensituation, Aufgaben in Beruf und Gesellschaft; aber gerade heute könnte auch die Gemeinschaft unter Menschen verschiedener Lebenssituationen (in Analogie zur Großfamilie) zum wichtigen Zeichen werden" (Bischof Josef Homeyer, Leben in christlicher Gemeinschaft als das Erstwichtige in der Seelsorge unseres Bistums – in „Kirche als Gemeinschaft", hrsg. v. Bistum Hildesheim 1988, S. 12).

Die Zahl jener, die eine solche Weggemeinschaft bilden, muß überschaubar sein, damit „gegenseitige Hilfe und Begleitung, alltägliche Aufmerksamkeit füreinander in allen Dimensionen des Lebens bis hin zum Austausch über die christliche Lebensgestaltung" möglich wird (vgl. Bischof Josef Homeyer a. a. O., S. 12).

So verstandene Communio, die sich von der Gemeinschaft mit Jesus Chri-

stus, ihrem Herrn, nährt, soll Frucht bringen. „Die communio schafft communio und stellt sich wesentlich als missionarische communio dar. Jesus sagt zu seinen Jüngern: ‚Nicht ihr habt mich erwählt, sondern ich habe euch erwählt und dazu bestimmt, daß ihr euch aufmacht und Frucht bringt, und daß eure Frucht bleibt‘ (Joh 15,16).
Communio und Sendung sind zutiefst miteinander verbunden, sie durchdringen und bedingen einander, so daß die communio zugleich Quelle und Frucht der Sendung ist: die communio ist missionarisch, und die Sendung gilt der communio." „Diese Sendung hat das Ziel, allen das Erlebnis der ‚neuen‘ Gemeinschaft zu schenken, die im Sohn Gottes in die Weltgeschichte eingetreten ist" (CfL 32).

Diese Sendung in die heutige Welt und Gesellschaft fordert geradezu dazu heraus, „Lebensräume – und seien es noch so kleine Zellen – exemplarisch christlich zu gestalten und damit Alternativmodelle zu bestehenden Lebensformen vorzuleben. Wirksamer und glaubwürdiger als ein einzelner kann eine Gemeinschaft Entscheidungen treffen, die in den konkreten Lebensstil eingreifen, die Mittragen von Menschen in Not- und Grenzsituationen ermöglichen und so den Sendungscharakter christlicher Communio sichtbar machen" (Bischof Josef Homeyer a. a. O., S. 14).

4.2 Wegweiser auf dem Pilgerweg der Kirche: Das Wort Gottes in der Heiligen Schrift

Die Gestaltwerdung einer solchen christlichen Weggemeinschaft als Jüngergemeinschaft in der Nachfolge Christi braucht vor allem die Wegweisung aus dem Wort Gottes, das gemeinsame Gebet und die Einbindung in die eucharistische Gemeinschaft der größeren Gemeinde und der Ortskirche, des Bistums. Nur wo in solcher Rückbindung viele lebendige Formen kleiner Gemeinschaften des Zusammenseins in Christi Namen sich treffen lassen von der „Zumutung der Radikalität", der „Zumutung der Nachfolge", der „Zumutung der Bergpredigt" (vgl. Joh. Bapt. Metz in: Forenreihe „Unsere Hoffnung, ein Bekenntnis zum Glauben in dieser Zeit" auf dem 87. Deutschen Katholikentag in Düsseldorf, Dokumentation S. 394), werden sich auch Wege auftun, den Alltag aus dem Wort Gottes zu bewältigen.

Darum ist in solchen „Zellen" – ob sie nun in der Gemeinde oder innerhalb von Verbänden entstehen oder sich auch Pfarrgrenzen übergreifend bilden – die regelmäßige Orientierung an der Heiligen Schrift unverzichtbar.

So unterschiedlich wiederum wie die Zusammensetzung dieser kleinen Gemeinschaften ist auch ihr ihnen eigener Zugang zur Heiligen Schrift.

Um solche Zugänge zu finden oder beispielhaft aufzuzeigen, muß es zu einem „Vorstellen", einem „Lesen", einem „Erzählen" und einem bildhaft-greifbaren „Vergegenwärtigen des biblischen Textes" kommen, „das auf Berührt- und Verwickeltwerden abzielt". Es muß „ein Zusammenlesen des Buches der Bibel mit dem Buch unseres Lebens" erzeugt werden, das „die Schrift als antlitzhaftes Gegenüber auffassen läßt, durch das Gott uns begegnen will" (Wolfgang Langer, Hrsg., Handbuch der Bibelarbeit, S. 98). Es gilt, im Umgang mit der Heiligen Schrift, ihre eigentliche Wahrheit als „die tiefe Verklammerung von Glaube und Geschichte, Evangelium und Situation, Offenbarung und konkreter Wirklichkeit" zu entdecken. Das heißt: Ziel des Verständnisses der Heiligen Schrift ist „„die Entschlüsselung des Lebens selbst im Spiegel des Textes'" (Handbuch der Bibelarbeit a. a. O., S. 124; S. 121). Denn nirgendwo sonst finden wir in solcher Vielfalt und Dichte alles das, worin der einzelne und die Gruppe sich selbst und die menschlichen Grundbefindlichkeiten aufspüren kann wie in den Zeugnissen „der Glaubensgeschichte des Volkes Israel und der Jüngergemeinde Jesu. In ihnen haben sich aber auch menschliche Reifungs- und Wachstumskrisen niedergeschlagen, Geschichten von Schuldigwerden und von der Vergebung, von Angst- und Geborgenheitserfahrungen, von Zerwürfnissen und Versöhnungen, von Heimatlosigkeit und Heimholung, von Verzweiflung und Rettung, von Selbstentfremdung und Selbstfindung" (Handbuch der Bibelarbeit a. a. O., S. 234/35).

Die Erfahrung, daß die Heilige Schrift menschliches Leben im Lichte Gottes deutet und göttliche Führung in den Geschichten von einzelnen, kleinen Gemeinschaften und ganzen Völkern aufzeigt, kann auf unterschiedliche Weise zum Wegweiser für die Kirche heute, für ihre Gemeinden und die kleine christliche Lebensgemeinschaft werden.

Sowohl der einzelne, der für sich regelmäßig in der Heiligen Schrift liest oder ihre Texte betend in sich aufnimmt, als auch die Gruppe oder Gemeinde, die im Wortgottesdienst der heiligen Messe oder unabhängig von ihr oder auch die im kirchlichen Stundengebet in die Bibel eindringen, werden erleben, was im II. Vatikanum bezeugt wird: „In den Heiligen Schriften trifft der Vater, der im Himmel ist, seine Kinder in Liebe und spricht zu ihnen" (DV 21).

In vielen bereits bestehenden Gemeinschaften hat sich das sogenannte „Bibel-Teilen" durchgesetzt, das vor allem in den Jungen Kirchen Afrikas und Lateinamerikas tragendes Element der dort nach dem II. Vatikanum entstandenen Basisgemeinden geworden ist. „In sieben oder fünf Stufen wird der Text der Bibel gehört, in Stille bedacht, in Gemeinschaft besprochen, Schwerpunktbegriffe oder -bilder hervorgehoben und dann die Konsequenz fürs Leben besprochen" (Stuttgarter Kleiner Kommentar NT 20: Paul-Gerhard Müller, Einführung in Praktische Bibelarbeit, S. 153).

Gerade diese Form des Schriftgespräches läßt die Glaubenskompetenz, die in Taufe und Firmung geschenkt ist, zum Zuge kommen und macht Glaubensschwierigkeiten und Glaubensnot, aber auch Glaubenserkenntnis und Glaubensfreude mitteilbar und damit zum gemeinsamen Glaubensgut, von dem sich der gemeinsame christliche Lebensstil nähren kann.

Es ist auf die Dauer auch unverzichtbar, daß bei ständiger Bibelarbeit in festen Gruppen für einzelne Bücher oder durchgehende Themen der Bibel mit Hilfe entsprechender exegetischer und bibeltheologischer Literatur notwendige sachliche Kenntnisse erworben und für das Glaubensgespräch und seine praktischen Konsequenzen fruchtbar gemacht werden.

Daß gerade für solche mehr „sachbezogenen" Bibelkreise die Ausweitung auf das ökumenische Gespräch von unersetzlichem Wert ist, sollte ernst bedacht werden.

Die kleinen christlichen Gemeinschaften sollten erfinderisch sein im Aufspüren von ihnen gemäßen Formen des Umgangs mit der Heiligen Schrift. Biblische Besinnungstage und Exerzitien, Mitgestaltung ökumenischer Bibelsonntage und -wochen, Familienfreizeiten und Wanderungen „mit der Bibel" sind Beispiele, wie es über das regelmäßige Schriftgespräch hinaus zur Vertiefung, zu neuen Impulsen für das Leben mit der Heiligen Schrift und aus der Heiligen Schrift kommen kann.

Es sollte bei aller Sinnhaftigkeit, ja, Notwendigkeit des Entstehens und Wachsens von kleinen und deshalb überschaubaren christlichen Lebensgemeinschaften dennoch unbestritten bleiben, daß es auch den Weg des einzelnen geben kann, dessen Dienst in Kirche und Welt der größeren Gemeinschaft – einer Gemeinde als ganzer, einem Dekanat oder einem Bistum – zu- und eingeordnet ist. Er bettet sein Leben ein in die umfassende Communio der Kirche als „um die Eucharistie versammelte Erinnerungs- und Erzählgemeinschaft in der ungeteilten Nachfolge Christi" (Fr. Xaver Kaufmann / Joh. Bapt. Metz, Zukunftsfähigkeit, S. 155) und gewinnt daraus die Impulse und die Kraft zu einem die kleine christliche Gemeinschaft übergreifenden Dienst nach vielen Seiten hin.

Schlußwort

„Worauf es uns ankommt"? – „Auf eine neue Art Kirche zu sein: Kirche und Gemeinde als Gemeinschaft mit Gott, miteinander, für die Welt".

Wirklich eine **neue Art**? Ist es nicht die ursprüngliche, die alte, die immer neue Art, Jüngergemeinschaft Jesu Christi zu sein? Geschart um die Mutter des Herrn, bittet sie um den Heiligen Geist (vgl. Apg 1,14). So ist sie von Christus in die Welt gesandt, um in seinen Fußspuren in der Kraft des Heiligen Geistes immer mehr Lobpreis und Danksagung vor dem Vater zu sein. Zugleich aber wird ihr vom Vater her im selben Heiligen Geist geschenkt, dieser Welt zu dienen, damit diese mehr und mehr heil werde. So zeigt sich die Gottesverwurzelung im gemeinsamen Gotteslob, aber sie bleibt nicht ohne die gemeinsame Anstrengung zur Diakonie. Denn „die Christen müssen auf der Pilgerschaft zur himmlischen Vaterstadt suchen und sinnen, was oben ist; dadurch wird jedoch die Bedeutung ihrer Aufgabe, zusammen mit allen Menschen am Aufbau einer menschlicheren Welt mitzuarbeiten, nicht vermindert, sondern gemehrt" (GS 57).

Darum ist und bleibt es Aufgabe der Kirche und unsere Sendung in ihr – alte und neue zugleich –, „daß die Fülle der ganzen Welt in das Volk Gottes eingehe, in den Leib des Herrn und den Tempel des Heiligen Geistes, und daß in Christus, dem Haupte aller, jegliche Ehre und Herrlichkeit dem Schöpfer und Vater des Alls gegeben werde" (LG 17).

TEIL II

Praktische Vorschläge für eine Hinführung zum Verständnis der „geistlichen Dimension von Kirche und Gemeinde“

II 0 EINFÜHRUNG

Kirche – und Gemeinde in ihr – richtig sehen und als Glieder der Kirche verantwortlich handeln wollen, verlangt mehr, als sich vom äußeren Erscheinungsbild der Kirche bestimmen zu lassen. Vielmehr müssen wir ausgehen von der Frage:

Was schenkt **GOTT** uns heute?
Was will **ER** heute von uns – **SEINER** Kirche?

Wenn wir in überschaubaren Gruppen uns so der geistlichen Wirklichkeit von Kirche und Gemeinde stellen wollen – und das ist GOTTES Anspruch an uns –, ist es nützlich, sich um Zugänge dazu etwa in einem Seminarkurs, z. B. in einer Reihe von Begegnungen in möglichst regelmäßigen Abständen, zu bemühen.

In den folgenden Überlegungen, wie ein solcher Kurs aussehen könnte, geht es um ein MODELL, in das teilweise bereits mögliche Alternativen oder Modifikationen mit entsprechenden Materialien eingefügt werden (sie sind durch *Kursiv-Druck* kenntlich gemacht).

Sowohl das vorgeschlagene Modell als auch Alternativen sollten einige wiederkehrende Elemente enthalten, die sowohl das Verständnis des Teiles I erleichtern als auch Möglichkeiten tieferer geistlicher Einsicht in notwendigen und sinnvollen persönlichen Einsatz in Kirche und Gemeinde erschließen können.

- Es sollte klargestellt und damit „durchsichtig" werden, worum es jeweils in einer „Kurseinheit" geht (diese „Kurseinheiten" können unter Umständen auch in mehr als einer Zusammenkunft der jeweiligen Gruppe behandelt werden).
- Wesentlich für das Gelingen des Sich-Vortastens in Gottes Plan mit seiner Kirche und mit unserer Aufgabe in ihr ist gemeinsames praktisches Tun (hierbei sind vor allem Anregungen zum didaktischen und methodischen Vorgehen gemeint).
- Wege und Hilfen sollen bereitgestellt bzw. benannt werden
  - •• aus der Heiligen Schrift;
  - •• aus Hinweisen aus der Theologie;
  - •• aus unterschiedlichen Texten (Ausschnitte aus der Literatur, Kurzgeschichten etc.) und anderen Materialien (Dias, Bilder, Karikaturen etc.);
  - •• aus den Beschlüssen der Hildesheimer Diözesansynode 1989/90.

Kommt bei den Gesprächen innerhalb einer Einheit des Teiles II oder beim Studium des Teiles I der Wunsch nach ausführlicheren Überlegungen auf (z. B. bei einzelnen Sakramenten oder zu Einzelfragen des „Weltdienstes" etc.), so können sie in „Exkursen" zum vorgeschlagenen „Grundlagenkurs" zum „geistlichen Antlitz der Kirche" behandelt werden. Es können aber auch neue Kurseinheiten erarbeitet werden, wenn die Gruppe zu fortlaufenden „Glaubensgesprächen" bereit ist oder auch sich einem begrenzten Thema über eine gewisse Zeit genauer und ausführlicher zuwenden möchte.

Eine solche Gruppe könnte auf die Dauer auch zu einer „Kleinen christlichen Gemeinschaft" zusammenwachsen, wie sie im Kapitel 4 des Teiles I vorgestellt wird.

> Aus der Hildesheimer Diözesansynode (S. 79):
> „Die Erfahrungen, die wir in kleinen Gemeinschaften und Gruppen miteinander machen, können uns ermutigen, den Weg zu >den anderen< zu suchen. In Gesprächen entdecken wir – so ist es auch uns auf der Synode ergangen –, daß wir im Austausch der Gedanken und Erfahrungen einander besser verstehen, auch da, wo die Meinungen auseinandergehen. In kleineren Begegnungsrunden können Offenheit und Vertrauen am ehesten gedeihen. Der einzelne fühlt sich ernst genommen mit seinen Fragen und Problemen. Wir erfahren, daß sich keiner über den anderen zu erheben braucht, jeder von uns seine Defizite hat, ohne daß ihm dieses vorgerechnet wird. In der menschlichen Nähe zueinander schwindet selbstgerechtes Denken, das den Zugang zu Gott und den Menschen versperrt."

Die erste Zusammenkunft eines hier modellhaft vorgeschlagenen „Seminarkurses" könnte unter dem Thema stehen:

1 Warum bin ich hier?

Hinführung:
Man beginnt am besten mit einem Gesprächsaustausch über die Beweggründe, die die Teilnehmer zum Kommen veranlaßt haben.

Erster Schritt:
Als Impulsfragen dienen:

„Dic cur hic?“ (Sag, warum bist du hier?) – So sagt die Inschrift an einer Schule.

Was suche ich? Warum arbeite ich in der Gemeinde, in der Kirche mit? Z. B. im Pfarrgemeinderat? In diesem Verband? In jener Gruppe? Oder: Warum halte ich mich zurück – auch wenn ich gefragt oder gebeten werde? Was hindert mich?

Warum bin ich in diese „Versammlung“ gekommen?

Was erwarte ich von diesem „Kurs“?

Zweiter Schritt:
Es wird dann als möglicher Zugang von der Heiligen Schrift her überdacht:

Nach Joh 1,38 fragt Jesus zwei der Jünger Johannes des Täufers, „als er sah, daß sie ihm folgten: Was wollt ihr?“

Der Textzusammenhang wird hergestellt und ggf. in einem Schriftgespräch aufgeschlüsselt.

Hier geht die Frage nicht vom einzelnen in der Gruppe, also vom Menschen, aus, sondern kommt aus dem Wort Gottes auf uns zu. Sie kommt von Jesus selbst und richtet sich an „Neugierige“ – Suchende. Offenbar ist es die Frage, die Jesus an jeden richtet, der Christ sein will.

Es könnten sich im Gespräch dann ähnliche Fragen ergeben, wie sie bereits vorgeschlagen wurden:

Bin ich aus eigenem Antrieb gekommen? Oder wer ist für mich dieser „Johannes der Täufer“, der mich aufmerksam machte?

Wer hat mich überhaupt zu Christus geführt? Mit wem gehe ich?

Die Antwort Jesu an Andreas und Johannes auf ihre – wohl zunächst verlegene – Frage: „Rabbi“, „wo wohnst du?“ ist auch die Einladung an jeden von uns: **„Kommt und seht!“** (Joh 1,38. 39)

Die angeführten Fragen sollen den Weg zu einem ausführlichen Gespräch ebnen. Das kann zunächst ein „Partnergespräch“ sein, es kann auch von Anfang an oder im Anschluß an ein „Partnergespräch“ ein gemeinsamer Austausch in kleinen Gruppen sein, dessen Ergebnisse ggf. auf einem „Plakat“ festgehalten werden.

Dritter Schritt:
Danach gibt der Leiter/die Leiterin einen Überblick über Ziel, Inhalt, Form, Arbeitsweise des Kurses, am besten im Anschluß an das Jesuswort „Kommt

und seht!“ (Joh 1,39): Wie wird Kirche, Gemeinde **geistlich** verstanden und gelebt? Wie muß sich unser Christsein gestalten, wenn wir „auf eine neue Art Kirche sein“ wollen?

(Vgl. dazu: Johannes Bours, Da fragte Jesus ihn, Verlag Herder, Freiburg 1985.)

> Aus der Hildesheimer Diözesansynode (S. 14):
> „Wir wollten ernst machen damit, daß >Freude und Hoffnung, Trauer und Angst der Menschen von heute, besonders der Armen und Bedrängten aller Art, … auch Freude und Hoffnung, Trauer und Angst der Jünger Christi< sind (Pastorale Konstitution über die Kirche in der Welt von heute: Gaudium et Spes 1). Dabei waren wir uns bewußt, wie sehr auch wir, unsere Gemeinden und die ganze Kirche von Hildesheim aus dem Geist und Ungeist unserer Zeit heraus handeln.“

2 Wozu ist die Kirche gut?

Hinführung:

Die zweite Kurseinheit geht einen Schritt weiter und entspricht der **Einleitung** des Teiles I: **„Kirche – wer bist du?“**

Ein paar „Reizworte“ können am Anfang stehen, z. B.: Manche sagen: Zu gar nichts! Andere: Bei Sterbefällen oder bei Hochzeit und Geburt! Wieder andere: Um Ruhe zu finden, um Orientierung zu haben, um Sinn für mein Leben zu suchen! Oder auch: Um Kindergärten zu bauen!

Erster Schritt:

Diese „Reizworte“ sollen die Frage vorbereiten: **Was meinen Sie?**

(Zur Beantwortung dieser Frage bietet sich eine Reihe von Methoden an, deren Wahl sich nach der Zusammensetzung und nach den Wünschen und Möglichkeiten der konkreten Gruppe richtet.)

So kann zunächst in einer Schreibmeditation jeder für sich (d. h. jeder einzelne notiert seine Gedanken) oder auch ein kleiner Kreis gemeinsam um ein Blatt Papier herum sich die Frage stellen: „Kirche – wer bist du?“ – „Wozu ist die Kirche gut?“ Die Ergebnisse werden untereinander bzw. unter den Gruppen ausgetauscht.

Es könnte aber auch zu den „Fragen“ und „Antworten“, was denn Kirche sei, aus Teil I (S. 15f) Stellung genommen oder aus den Synoden-Texten Seite 15f gelesen und besprochen werden.

Man kann sich den „Kirchenbildern“ zudem anhand von Karikaturen (vgl. Fundgrube: Nr. 179; Nr. 185 und andere – siehe Anhang M1; M2; M3) oder mit Hilfe der Gegenüberstellung von Gründen für und gegen einen Kirchenaustritt (z. B. Rudolf Walter Leonhardt, Kirchenaustritt, in: Glaubensgeschichten deutschsprachiger Autoren, S. 206–211, siehe Anhang M4) nähern.

Weitere Hilfen bieten Texte möglichst unterschiedlicher Art über die Kirche (z. B. aus: Karl Rahner, Warum ich noch in der Kirche bin? Schriften der Kath. Akademie Bayern, München, oder aus: Warum bleibe ich in der Kirche? Hrsg. Walter Dirks und Eberhard Stammler, Manz-Verlag München).

<u>Zweiter Schritt:</u>
Es soll in einem weiteren Schritt ein – wenig bekannter – Impuls aus der Heiligen Schrift behandelt werden:

Sach 8,20ff. Es ist empfehlenswert, einen Denkanstoß zunächst mit einem Teil des Textes zu geben und nur zu zitieren:
… „In jenen Tagen werden zehn Männer aus allen Völkern aller Sprachen einen Mann aus Juda an seinem Gewand fassen, ihn festhalten und sagen: Wir wollen mit euch gehen; denn wir haben gehört, …“ (Sach 8,23).

Daran schließt sich die Aufforderung an: Wie würden Sie diesen Text ergänzen?

Dann wird der biblische Text gelesen und in seinen Kontext gestellt (vgl. SKK AT 16, Verlag Kath. Bibelwerk, Stuttgart):

> Die Verkündigung des Propheten Sacharja – eines der letzten unter den sogenannten Kleinen Propheten – fällt bereits in die nachexilische Zeit. Der Perser Kyrus hatte 538 v. Chr. ein Edikt über den Wiederaufbau des Tempels in Jerusalem erlassen, der 587/86 v. Chr. bei der Eroberung der Stadt durch Nebukadnezzar II. von Babylonien zerstört worden war. Damit war eine Rückwanderungsbewegung von ins babylonische Exil verschleppten Bewohnern aus Juda möglich geworden. Politische Wirren im Perserreich und Widerstände aus Samaria, dem Juda nun politisch angegliedert worden war und das unter assyrischem Einfluß stand, verzögerten den Wiederaufbau des Tempels, der erst 515 v. Chr. nach Bauunterbrechungen eingeweiht wurde.

In die Zeit wenige Jahre davor fällt die prophetische Tätigkeit des Sacharja. Die ersten acht Kapitel des Buches Sacharja dürften im wesentlichen auf den Propheten selbst zurückgehen; ab Kapitel 9 sind zwei wohl ursprünglich selbständige Schriften angefügt worden.

Für unseren Zusammenhang – Kapitel 8 – ist als Thema die prophetische Ankündigung der unmittelbar bevorstehenden Heilszeit entscheidend.

Steht im 7. Kapitel noch der Rückblick auf die Vergangenheit, so wird das 8. Kapitel beherrscht von der „Rückkehr Jahwes" nach Jerusalem – auf den Zion – und der Erneuerung des Bundes. Im Zusammenhang damit wird dem Volk eine Zeit des Segens, des Friedens und des Glückes verheißen. In diese messianische Heilszusage eingebettet sind die Verse 20–23 (die vielleicht nicht mehr von Sacharja selbst stammen), die bei aller Bindung des kommenden Heiles an Jerusalem seine Ausweitung auf die Völker ansagen.

Am Ende steht die Frage: Was sagen Sie zum Schluß des Sacharja-Zitates? Können Sie einen Zusammenhang mit der Frage nach der Kirche finden?

Diese Frage knüpft an das im Sacharjatext entworfene Bild des messianischen Heiles an, das in Christus gekommen und das seiner Kirche – uns – zu treuen Händen anvertraut ist. Wie müßte diese Kirche „aussehen", daß sie jene im Sacharja-Text vorausgesetzte „Anziehungskraft" ausstrahlen kann? Es ginge dann mit der Kirche „bergauf", wenn man an ihr „sehen" könnte: „Gott ist mit ihr" (vgl. Sach 8,23).

Aus der Hildesheimer Diözesansynode (S. 18):
„In der Kirche von Hildesheim gibt es eine Sehnsucht: die Sehnsucht danach, auf eine andere Art Kirche zu sein, eine Kirche, die aus der Nähe ihres Herrn und aus der Nähe zu den Menschen lebt und die selbst jener Lebensraum ist, in dem Menschen einander und Gott nahe sein können, eine Kirche, die Volk Gottes ist."

3 Gott – der Grund der Kirche

Hinführung:
Die dritte Kurseinheit kann nun unmittelbar wieder an den Schlußsatz des Sacharja-Textes anschließen: „... denn wir haben gehört: Gott ist mit euch" (Sach 8,23).
Gibt es in unserer Gesellschaft noch eine Sehnsucht nach Gott? Ja, haben wir überhaupt selbst noch eine ehrliche Sehnsucht nach Gott?

Wer ist dieser Gott, mit dem es die Kirche zu tun hat? Kann man Gott „erfahren"? Wie läßt sich verantwortlich von Gott sprechen? Und in welcher Beziehung steht die Kirche zu diesem Gott?

Erster Schritt:
Was denken und sagen **wir** von Gott?

Jeder von uns hat Vorstellungen von Gott – manche dieser „Gottesbilder" schleppen wir durch unser ganzes Leben, andere sind Wandlungen unterworfen.

So muß zunächst geklärt werden, über „welchen Gott" wir eigentlich miteinander sprechen.

Es bieten sich verschiedene Zugänge an, damit die Mitglieder der Gruppe sich über ihr eigenes Gottesbild klarwerden.

Man läßt z. B. ein „Bild" oder Symbol malen und erklären oder kann auch einfach „Vorstellungen" von Gott erzählen lassen, die sich für den einzelnen zu **„seinem"** Gottesbild zusammenfügen.

Ein anderer Zugang wäre, aus Darstellungen der Kunst, aber auch aus verschiedenartigen anderen Bildern (vgl. z. B.: Exemplarische Bilder, Fotosprache u. ä.) jene auswählen zu lassen, die die Gottesvorstellung der einzelnen am besten wiedergeben oder erhellen können.

Hilfreich ist auch eine „Metaphermeditation": „Gott ist für mich wie ...".

Zweiter Schritt:
Was sagen und denken **andere** über Gott?

Vieles ist über „Gott" gesagt worden. Aufschlußreich für die Situation unserer Zeit ist die nüchterne Feststellung der Soziologin (siehe Anhang M5: R. Köcher, Die Entwicklung von Religiosität und Kirchlichkeit seit dem Zweiten Weltkrieg bis heute, in: Diakonia 19, 1988/ H. 1).

Auch literarische Texte, Lieder, Karikaturen geben gute Ansatzpunkte für ein klärendes Gespräch. Beispiele dafür sind etwa: B. Brecht, Geschichten von Herrn Keuner (siehe Text im Anhang M6); Henri Frédéric Amiel, Tagebücher, 31. 3. 1873 – Sehnsucht nach Gott in unserer Zeit (siehe Anhang M7); Jean-Paul Sartre, Mißglückte Berufung (siehe Anhang M8); Parabel vom modernen Menschen (siehe Anhang M9).

„Die meisten Bürger unserer Gesellschaft fragen nicht, suchen nicht, ringen auch nicht um >Metaphysisches<…" (Hermann-Josef Silberberg, Spirituelle Inseln, Gott im Alltag begegnen, S. 22; Verlag Kösel, München 1990).

Einen ähnlichen Weg findet man auch im Anschluß an die Betrachtung von Karikaturen oder an ihnen entsprechende Texte (der Trachtenvereinsgott; der Weihrauchgott; der Versicherungsgott; der Klempnergott etc.). Dazu können ggf. Beispiele Anregungen geben (siehe Anhang M10; M11; M12). Eine nicht zu unterschätzende Hilfe sind auch die „Kinderbriefe an den lieben Gott" mit ihren „Fortsetzungs"bänden (siehe Beispiele im Anhang M13; M14; M15; M16). Auch „kontrastreiche Gottesbilder" (z. B. aus Fynn, Hallo, Mister Gott bzw. Fynn, Anna schreibt an Mister Gott; oder Martin Buber, Gott, das beladenste und besudeltste aller Menschenworte; Tilmann Moser, Gottesvergiftung u. ä. – vgl. dazu Textbeispiele im Anhang M17; M18; M19).

Dritter Schritt:

Und welchen Gott habe ich?

Die Gespräche werden erkennen lassen, daß sich manches Gottesbild bei genauerem Zuschauen als Götzenbild entpuppt oder mindestens „zurechtgerückt" werden muß.

Vierter Schritt:

So ist es notwendig, Gott selbst nach dem Bild zu fragen, das er uns von sich geschenkt hat.

ECCE HOMO! – SEIN BILD!

An Gotteserfahrungen in der Heiligen Schrift – des Alten und des Neuen Testamentes – müssen alle „selbstgemachten" Gottesbilder überprüft werden.

Beispielhaft soll für das Gespräch herangezogen werden:

1 Kön 19, 3–13 (Elija).

Da die alttestamentlichen Texte im allgemeinen weniger geläufig sind, soll dieser für das Verständnis des Gottesbildes so aufschlußreiche Schrifttext in seinen Zusammenhang gestellt werden.

In 1 Kön 18 – (18,20–39) – wird nach der von Jahwe als Strafe für den Baalsdienst verhängten Dürre von dem spektakulären Opfer auf dem Berge Karmel erzählt. Jahwe offenbart sich auf das Gebet des Propheten Elija hin in seiner Macht. Nach den vergeblichen Versuchen der Baalspriester, ihren „Gott" zum Eingreifen – d. h. zum „Verzehren des Opferstieres" durch vom Himmel kommendes „göttliches Feuer" – zu bewegen, zeigt sich Jahwe auf das herausfordernde Flehen des Elija hin in der Annahme des Opfers als der wahre Gott Israels, der dann auch den Regen „schickt".

Im 19. Kapitel begegnet uns der Prophet, dem man unmittelbar danach nach dem Leben trachtet, in seiner ganzen kreatürlichen Angst. Er flieht. Sein Weg führt in die Wüste im Süden. Seinem verzweifelten Wunsch, dort zu sterben, begegnet der Engel Jahwes zweimal, um ihn mit Speise und Trank für den erneuten Aufbruch zu stärken.

In der Kraft dieser Speise (V. 8) wandert Elija „vierzig Tage und vierzig Nächte", bis er zum Berge Horeb kommt, wo Gott sich einst dem Mose geoffenbart und den Bund mit Israel geschlossen hatte.

Hier offenbart Jahwe sich auch – wie einst dem Mose (vgl. Ex 33,18–23) – dem Propheten.

Es kann nun anhand der Verse 1 Kön 19,9–13 das Gottesbild entdeckt werden, das die bisherigen Vorstellungen ergänzt, allerdings – wie die nachfolgenden Verse (15–18) zeigen – auch nicht aufhebt. Jahwe ist nicht einfach der Gott der Gewalt und Vernichtung. Sondern das „leise Säuseln" weist hin auf das stille Wirken seiner Langmut und Güte, auf den vertrauten Umgang mit seinem Propheten – und mit uns.

Das tiefste Ergebnis der Betrachtung dieses Schrifttextes könnte bereits sein:

Gott ist der ganz andere, der immer wieder alle unsere Vorstellungen in Frage stellt und unsere Bilder durchkreuzt. Thomas von Aquin hat die Antwort des gläubigen Menschen auf diese Einsicht einmal in die Worte gekleidet: „Gott wird durch Schweigen geehrt, nicht weil wir von ihm nichts sagen könnten oder nichts wissen, sondern weil wir einsehen, daß wir weit davon entfernt sind, ihn zu begreifen" (zitiert in der Dokumentation der Vorausversammlung zur Hildesheimer Diözesansynode 24./25. 2. 1989, S. 52).

Es ist sehr zu empfehlen, daß den Gruppenmitgliedern zusätzlich noch eine Schriftstelle zur häuslichen Meditation mitgegeben wird. Ein noch weitergehender Vorschlag ist die Bitte an wenigstens zwei der Teilnehmer/Teilnehmerinnen, den gleichen Schrifttext zu bedenken und vielleicht in einer persönlichen Begegnung über ihn zu sprechen.

Dazu werden vorgeschlagen:

Gen 12,1–4 (Abraham)
Gen 16,1–16 (Hagar)
Gen 32,23–33 (Jakob)
Ex 3,1–15 (Mose)
Ex 33,18–23 (Mose)
1 Sam 3,1–19 (Samuel)
2 Kön 2,1–18 (Elischa)
Jes 35,1–8a (Das Volk Israel)
Jer 20,7–18 (Jeremia)
Mk 4,35–41 (Die Jünger Jesu)
Mt 14,22–33 (Petrus)
Joh 20,11–18 (Maria von Magdala)
Apg 9,1-22 (Saulus/Paulus)

Als Leitfragen dienen dabei:

Wie gibt Gott sich hier zu erfahren? Wie handelt er? Was bewirkt er? Was löst er beim Menschen aus?

Welche Hinweise kann diese oder können andere Schriftstellen für unsere heutige Suche nach Gott geben?

Aus der Hildesheimer Diözesansynode (S. 44):
„Von allem Anfang an hat Gott an unserer Lebensgeschichte – und an der Lebensgeschichte eines *jeden* Menschen! – mitgeschrieben ... Gott zeigt sich denen, die Ihn suchen. >Wer mich sucht, der wird mich finden< (Spr 8,17; vgl. Lk 11,9f). Suchen wir Ihn wirklich? Wollen wir Ihn finden? Sind wir arm ohne Ihn? Oder sind wir längst viel zu >reich im Geiste<? Erscheint Er uns vielleicht deswegen oft so fern, weil wir Ihn eigentlich noch nie vermißt haben? Gott zeigt sich denen, die Ihn vermissen: Wer aber vermißt Ihn wirklich?“

4 Kirche – in Gott verwurzelt

Hinführung:
Es wird begonnen mit einem Austausch über die in „häuslichem Meditieren“ (und ggf. Gespräch) bedachten Texte und die dabei gewonnenen Erkenntnisse, damit dann gefragt werden kann: In welcher Beziehung stehen Gott und Kirche zueinander? Was ist Kirche von ihrem ursprünglichen Wesen her?

Erster Schritt:
Es wird besprochen:
Kennen Sie in Ihrem eigenen Leben oder bei anderen Menschen eine ähnliche Erfahrung, wie sie in der meditierten Schriftstelle zur Sprache kommt? Bedeutet diese Schriftstelle eine Erweiterung oder Korrektur Ihrer bisherigen Vorstellungen von Gott?

Dabei kann weiter der Frage nachgegangen werden: Was erfahren wir aus den Texten von einer „Biographie Gottes“?

Aber es ist auch wichtig, sich zu besinnen, wie Gott seinerseits unsere „Biographie“, die jedes/jeder einzelnen, sieht, ob und wie er dem/der einzelnen begegnet ist. Bei entsprechenden Voraussetzungen ist ein vertrauensvolles Gespräch auch darüber sinnvoll und unter Umständen hilfreich.

(Für dieses Gespräch sollte viel Zeit zur Verfügung gestellt werden.)

Im Zusammenhang mit dem Bemühen um solche – für jeden notwendige – Korrekturen und Vertiefungen eigener Gottesbilder gilt es, auch einen Blick in deutende theologische Artikel zu werfen, wie zum Beispiel: Gabriele Miller, Der Rücken des lieben Gottes (siehe Anhang M20); Theologische Fragmente (siehe Anhang M21). Auch: Karl Rahner, Über die Erfahrung der Gnade, Schriften zur Theologie, Bd. III, S. 105–109).

Zweiter Schritt:
Um alle Erfahrungen und Überlegungen zusammenzuführen – auch um die Verbindung mit der Hildesheimer Diözesansynode und ihrem „Weg“ herzustellen –, soll gemeinsam die „Emmausgeschichte“ (Lk 24,13–35) betrachtet werden.

Die Emmauserzählung ist nicht eine bloße Geschichte von einer der Erscheinungen des auferstandenen Herrn.

Die Aufschlüsselung des Schrifttextes, die zunächst erfolgen muß, hilft dann auch, die Beziehungen zu unserem Thema „Kirche – in Gott verwurzelt" – herzustellen.

Die Emmauserzählung hat vier Teile (vgl. SKK NT 3, Verlag Kath. Bibelwerk, Stuttgart):

- Nach dem verzweifelten Weggang der beiden Jünger von Jerusalem – und damit ihrer Trennung von der Gemeinschaft der übrigen Jünger – folgt in einem ersten Teil die Begegnung mit einem Unbekannten, der nun mit ihnen geht.
- Auf dem Weg erschließt ihnen der Fremde anhand der Schrift, daß das Leiden des Messias zum Plan Gottes mit seinem Volk gehört.
  Jesus selbst ist es also, der mit seinen Jüngern „auf dem Weg" bleibt (V. 28).
- Der dritte Teil der Erzählung beginnt mit der Bitte der Jünger an den Weggefährten, bei ihnen zu bleiben; denn ihr Herz hatte beim Zuhören zu „brennen" begonnen. Beim Mahl, als der Fremde die „Rollen" vertauscht und zum „Gastgeber" wird, bricht er ihnen das Brot – und sie erkennen den Auferstandenen. In diesem Augenblick kann er ihnen seine „Sichtbarkeit" entziehen.
- Der vierte Teil der Erzählung berichtet, daß es die beiden Jünger drängt, sich sofort auf den Rückweg zur Gemeinschaft derer zu begeben, aus deren Mitte sie geflohen waren. In Jerusalem wird ihnen die frohe Botschaft verkündet, daß der Herr lebe und dem Petrus erschienen sei. Nun bezeugen auch sie voller Freude ihre Begegnung mit dem Auferstandenen – wie er ihnen die Schrift erklärt, d. h. diese auf sich selbst bezogen hatte, und wie sie ihn dann am Brotbrechen erkannt hatten.

Aus den vier Teilen der Emmausgeschichte kann dann die Frage erwachsen: Was sagt diese Erzählung über die Kirche?

Die Antwort ergibt sich aus dem Bedenken der Grundaussage des biblischen Textes:

Der auferstandene Christus ist in seiner Kirche in der eucharistischen Mahlgemeinschaft gegenwärtig. Schriftlesung und ihre Deutung und das „Brotbrechen" im eucharistischen Mahl lassen – im gegenseitigen Zeugnis der versammelten Jüngergemeinschaft – die Kirche entstehen.

In dieser Gegenwart des auferstandenen Herrn bei der eucharistischen Mahlgemeinschaft liegt die Garantie für die Dauer der Kirche bis ans Ende der Zeiten.

Zur Vertiefung kann im Gespräch nach der Situation der Kirche heute gefragt und es können „Parallelen“ zur Emmausgeschichte gesucht werden (vgl. dazu auch die Einleitung zu den Texten der Synode: Synodale Schritte – ohne Seitenangabe).

Fragen an die biblische Erzählung, was sie im einzelnen über Jesus Christus aussagt, in welcher Beziehung sie ggf. zu unserem persönlichen Leben steht, sollten in unserem Zusammenhang hinter der Frage zurückstehen: In welcher Beziehung stehen Gott und Kirche zueinander?

Aufschlußreich für weitere Überlegungen kann der Text von Ida Friederike Görres sein: Denk dir einen Berg (siehe Anhang M22).

Um das im Thema gebrauchte Bild von der Verwurzelung der Kirche in Gott vertiefend auszuwerten, ist auch vom Symbol des Baumes her ein Zugang möglich.

Man könnte – entweder über einen in der Nähe stehenden Baum oder ein entsprechendes Bild (Dia, Gemälde) – meditieren: z. B. Wurzel – Stamm – Blüte – Frucht; abgeschnittene, verfaulte Wurzel; Erdreich – Wasser – Nährstoffe; in welcher Jahreszeit betrachten wir den Baum?

Welche Gedankenverbindungen drängen sich bei einer solchen Meditation im Hinblick auf „Kirche – in GOTT verwurzelt“ auf?

Biblische Bilder dazu sind ebenfalls ein guter Ausgangspunkt oder können auch zur Vertiefung dienen:

Baum der Erkenntnis – Baum des Lebens (vgl. Gen 2; 3)
Ijob 14,7. 9; Jes 11,1; 11,10 (vgl. Röm 15,12);
Ps 104,16;
Ez 17,22f
Röm 11,16. 17. 24
Kreuzesbaum (vgl. Präfation am Fest Kreuzerhöhung)

Aus der Hildesheimer Diözesansynode (S. 19):
„Wir haben in unseren Gesprächen und in unseren Konflikten erfahren, wieviel uns noch daran fehlt, das von Gott >berufene< und >zusammengerufene< Volk zu sein. Wir müssen darum noch mehr lernen, daß wir Kirche als Gottes Volk nur dann verwirklichen, wenn wir auf seinen Ruf hören und einander dienen (vgl. Dogmatische Konstitution über die Kirche: Lumen Gentium, 9; 2; 36).

Als >Gottes Volk< sind wir auf dem Weg. Weggemeinschaft zu sein, war die uns ermutigende Erfahrung miteinander auf der Synode, die wir in unsere Gemeinden weitergeben und mit ihnen teilen möchten: Wir vertrauen darauf, daß Christus mit uns geht, daß Er uns vor aller eigenen Wahl und Neigung als Schwestern und Brüder verbindet, und daß Er uns zu den Menschen in der Welt sendet. Vor allem eigenen Tun verdanken wir Ihm, daß wir Kirche sind."

5 Sakramente der Einwurzelung in Gott

Hinführung:
Wie geschieht solche Einwurzelung in Gott?
Sakramente sind es in erster Linie, die sie schaffen und festigen.

Jeder Mensch ist von seinem Wesen her auf Kommunikation – auf Begegnung und Austausch – angelegt. Das umschließt Hören und Antworten. Mehr noch: Kommunikation setzt das „Gegenwärtig-Sein" der Partner voraus.

Solches „Gegenwärtig-Sein", das zuerst eine geistige Begegnung ist, bedarf aber wegen der geistig-leiblichen Natur des Menschen der konkreten Erfahrbarkeit – im Wort, in Gebärden, in ausdrucksstarken Zeichen.

Besonders die räumliche Trennung bedarf der „Überbrückung" durch bestätigende Zeichen des „Gedenkens", der geistigen Gegenwart des anderen.

Auch Gott will „in Kommunikation" mit den Menschen sein. Daß der Mensch die „Gegenwart" seines Gottes erfährt, ist ähnlichen Gesetzen unterworfen wie die Kommunikation unter Menschen.

Darum hat Gott sein liebendes, heilendes „Gegenwärtig-Sein" im Heiligen Geist zur Begegnung mit den Menschen an erfahrbare Zeichen gebunden – an die Sakramente.

Über Sakramente zu sprechen – dazu gehört zuerst, die Kirche als ganze als **das** „Sakrament des Heiles für die Welt" (vgl. LG 1) zu verstehen –, fordert eine gründliche Klärung dessen, was denn ein Sakrament überhaupt ist. Dazu ist eine Vertiefung dessen notwendig, was vielleicht manchem noch aus alter Katechismusformulierung in Erinnerung ist: Zu einem Sakrament gehören: 1. das äußere Zeichen, 2. die innere Gnade, 3. die Einsetzung durch Jesus Christus.

Die Hinführung zu den Sakramenten kann auch erfolgen anhand von: Franziskus Eisenbach, Wirksame Zeichen des neuen Lebens: die Sakramente, Antwort des Glaubens Nr. 24, Informationszentrum Berufe der Kirche, Freiburg 1981 (siehe Anhang M23: Textausschnitte).

Erst dann ist der Übergang zu den „Grundsakramenten" – Taufe, Firmung und Eucharistie – möglich.

Die Eucharistie sollte bei dieser Kurseinheit nur kurz genannt, aber auf ihre Behandlung am Schluß als Zusammenfassung des gesamten Kurses verwiesen werden.

Erster Schritt:

Es kann dann spontan gefragt werden, wer das Datum seines Tauftages und den Ort seiner Taufe (seine Taufkirche) kennt, oder welche Erinnerungen z. B. an Taufspendungen auftauchen, welche „Stichworte" beim Wort „Taufe" einfallen.

Formen des Taufgedächtnisses – z. B. **Osternacht,** Weihwasser-Nehmen – können Zugänge zum Wesen der Taufe als Sakrament der Eingliederung in die Kirche und damit als Einwurzelung in Gott schaffen.

Wenn das „Indische Hungertuch" noch zur Verfügung steht, kann es als „Taufkatechese" erschlossen werden.

Die Heilige Schrift bietet Ansatzpunkte im Gespräch Jesu mit der Samariterin am Jakobsbrunnen (Joh 4,7–30), in der Erzählung der Taufe des äthiopischen Kämmerers durch Philippus (Apg 8,26–39).

Wie schon bei anderen Kurseinheiten sind Impulse zum Gespräch auch von „Gegentexten" her möglich, z. B. „Pastor Schäfer und die Taufanmeldung" (siehe Anhang M24).

Die theologische Bedeutung der Taufe als „Eingangstor" in die Kirche und ihre bleibende Wirkung ist aus der Liturgie der Osternacht abzulesen.

Eine sehr empfehlenswerte Hilfe, sich in die Bedeutung der Taufe für die Kirche anhand der Liturgie der Osternacht zu vertiefen, ist die Betrachtung eines Dias „Der Zug der Getauften zum Kreuz" mit Hilfe des zugehörigen Textes aus der Reihe „Bilder zum Kirchenjahr", Bd. 4 (Karwoche, Osternacht), Dias und Texte zu den biblischen Lesungen, hrsg. von Friedemann Fichtl, Verlag Benziger, Zürich/Köln.

Zweiter Schritt:

Taufe und Firmung sind nicht voneinander zu trennen. Was in der Taufe grundgelegt ist, wird in der Firmung durch die besondere Besiegelung mit dem Heiligen Geist und seinen Gaben entfaltet, die Reife und Mitverantwortung zum Dienst in der Kirche, „Erwachsen-Sein" in ihr schenken und auf Antwort im gefirmten Christen angelegt sind.

„Als Glieder des lebendigen Christus, durch Taufe, Firmung und Eucharistie Ihm eingegliedert und gleichgestaltet, ist allen Gläubigen die Pflicht auferlegt, an der Entfaltung und am Wachstum Seines Leibes mitzuwirken, damit dieser, so bald wie möglich, zur Vollgestalt gelange (Eph 4,13). Deshalb mögen alle Kinder der Kirche ein lebendiges Verantwortungsbewußtsein gegenüber der Welt besitzen, eine wahrhaft katholische Gesinnung in sich hegen und ihre Kräfte für das Werk der Evangelisierung einsetzen" – so faßt das Dekret über die Missionstätigkeit der Kirche des II. Vatikanums diese Überlegungen zusammen (AG 36).

Vergleiche auch LG 11.

Dritter Schritt:

Die Auseinandersetzung mit den besonderen Geistesgaben – den „Charismen" – erfolgt dann anhand der Aussagen der Heiligen Schrift:

1 Kor 12; Joh 3,1–8; Gal 5,16–26.

Auch hier können Abschnitte aus dem II. Vatikanum herangezogen werden, z. B. aus dem Dekret über das Apostolat der Laien im Anschluß an deren Apostolatsverantwortung:

„Zum Vollzug dieses Apostolates schenkt der Heilige Geist, der ja durch den Dienst des Amtes und durch die Sakramente die Heiligung des Volkes Gottes wirkt, den Gläubigen auch noch besondere Gaben (vgl. 1 Kor 12,7); >einem jeden teilt er sie zu, wie er will< (1 Kor 12,11), damit >alle, wie ein jeder die Gnadengabe empfangen hat, mit dieser einander helfen< und so auch selbst >wie gute Verwalter der mannigfachen Gnade Gottes< seien (1 Petr 4,10) zum Aufbau des ganzen Leibes in der Liebe (vgl. Eph 4,16). Aus dem Empfang dieser Charismen, auch der schlichteren, erwächst jedem Glaubenden das Recht und die Pflicht, sie in Kirche und Welt zum Wohl der Menschen und zum Aufbau der Kirche zu gebrauchen" (AA 3).

Vergleiche auch LG 33.

Aus der Hildesheimer Diözesansynode (S. 21 und S. 85):
„Durch Wort und Sakrament und zuhöchst durch die >Kommunion<, die Teilhabe an den eucharistischen Gaben, werden wir zum >Leib Christi<, zur >Communio<, die Er selbst stiftet (LG 3; 7). Um die Wiederentdeckung dieser spirituellen Dimension des Mysteriums der Kirche muß es uns deshalb zuerst gehen.“
„In den Lesungen des Wortgottesdienstes erinnert uns Gott an Seine geschenkten Heilstaten. Dabei ist uns wohl bewußt, daß >Erinnern< in der liturgischen Sprache wie in den Symbolen der Liturgie >Vergegenwärtigen< heißt. Mit Fug und Recht läßt sich also behaupten, >in jener Zeit< ist >hier und heute<.“

Da die Wirkungen des Heiligen Geistes sozusagen „in zwei Richtungen“ gehen, steht die Beschäftigung mit diesen beiden im Mittelpunkt der Gespräche der nächsten Kurseinheiten.

6 Kirche – Gemeinschaft von Menschen untereinander

Hinführung:
Die erste Wirkung der Geistesgaben betrifft vorrangig den „Binnenraum“ der Kirche.

Erster Schritt:
Eine Meditation der Schilderung der „Urgemeinde“ in Jerusalem bildet dazu den Ausgangspunkt (Apg 2,42. 44–47; 4,32–37).

Daß es sich hier um ein „Idealbild“ handelt – so wie hier sollte es grundsätzlich immer sein – kann deutlich gemacht werden an Apg 5,1–11.

Dabei ist der grundlegende Communio-Charakter von Kirche mit der fundamentalen Gleichheit aller Glieder des Gottesvolkes bereits anzusprechen (vgl. z. B. Synode S. 22/23 und S. 32/33).

Zweiter Schritt:
Dennoch ist die in Geschichte und Gegenwart uns begegnende Kirche und Gemeinde keine perfekte Gemeinschaft. Das kann z. B. bereits aufgezeigt werden an der Gemeinde, die Paulus in Korinth gegründet hat:

Vgl. z. B. 1 Kor 3; 5; 6; 8
z. B. 2 Kor 6,11–7,4; 10; 11; 12,19–21

Anhand des „Gegenbildes“ (Auseinanderfallen von eucharistischer Feier und Diakonie) in 1 Kor 11,17ff oder bei der nüchternen Feststellung – in 1 Kor 12,4–13 –, daß es auch die schwächer scheinenden Glieder gibt (die dennoch unentbehrlich sind), ist zu erarbeiten, wie in der Kirche jeder und jede auf den anderen und die andere verwiesen ist.

Im Zusammenhang mit 1 Kor 11,17–19. 23–26 können auch Gedanken aus einer Ansprache von Erzbischof Johannes Joachim Degenhardt beim Eucharistischen Weltkongreß in Lourdes 1981 als Gesprächsanregung herangezogen werden (siehe Anhang M25).

<u>Dritter Schritt:</u>
Begründet werden muß das Verständnis der Kirche als Gemeinschaft mit dem Rückgriff auf ihre Gottesverwurzelung, ist sie doch Spiegelbild Gottes, der in sich dreieinige Gemeinschaft ist. Auch das müßte ausführlicher besprochen werden (vgl. Teil I/Kap. 2).

<u>Vierter Schritt:</u>
Es wird vermutlich bei dieser Kurseinheit besonders die Gebrochenheit und Unzulänglichkeit gerade im Hinblick auf das Miteinander in Gemeinde und Kirche zur Sprache kommen. Zur Überwindung der vielen Schwierigkeiten mit all unseren Kirchenerfahrungen ist ein Aufsatz von Karl Rahner hilfreich: Über das Ja zur konkreten Kirche, in: Schriften zur Theologie Bd. 9, S. 479–497 (siehe Anhang M26: zusammenfassender Ausschnitt). Es kann dann im Anschluß an den Text: Wir wollen miteinander sprechen (siehe Anhang M27) überdacht werden, wie aus einer Summe von Einzelnen nebeneinander Gemeinde im Miteinander wachsen kann.

Es muß gerade dabei gefragt werden, was wir wirklich voneinander wissen, obwohl wir uns gern einbilden, die anderen zu „durchschauen“. Meistens leben wir – selbst unerkannt und isoliert – unter ebenfalls unerkannten und isolierten Menschen. Um diese Abstände zu überwinden, muß man von sich aus initiativ werden, um Brücken zu bauen. Vertrauen schenken und Mut machen steckt an und öffnet den Weg zu Begegnungen und tragfähigen Verbindungen.

Vielleicht hilft auch hierbei eine Metaphermeditation: In einer Gruppe kommt es zu vertrauensvollen Begegnungen untereinander, wenn …

Wichtig ist besonders die Suche nach Wegen zur Integration derer, die die „Kleinsten" und „Schwächsten" sind, die sich in besonderen Notlagen befinden, die leicht „ausgegrenzt" oder zumindest an den Rand gedrängt werden (vgl. dazu auch 1 Joh 3,16–18 u. a.).

Anregungen sind zu finden bei P. M. Zulehner, Den Menschen Heimatgefühl geben (siehe Anhang M28), oder in Jean Vanier, Heile, was gebrochen ist, Verlag Herder, Freiburg.

> Aus der Hildesheimer Diözesansynode (S. 113/114):
> „Geschwisterlichkeit wächst dort, wo Gott das Zentrum des Lebens ist. Denn dann wird den Menschen bewußt, daß Gott sie als Kinder angenommen hat. Sie sind seine Töchter und Söhne, sie werden zu Schwestern und Brüdern. So kann Geschwisterlichkeit die christliche Gemeinde prägen.
>
> Wenn wir geschwisterlich miteinander umgehen, dann haben wir den Rücken frei, um uns für Gerechtigkeit und Frieden einzusetzen; unsere Kräfte werden nicht durch unnötigen Streit zerrieben. Umgekehrt trägt der Mangel an Geschwisterlichkeit die Gefahr in sich, daß Gerechtigkeit und Frieden gestört werden. Unsere Bemühungen um Gerechtigkeit und Frieden werden auch außerhalb der Kirche um so glaubwürdiger sein und um so eher angenommen, wenn wir Geschwisterlichkeit üben."

7 Kirche – Gemeinschaft für andere

<u>Hinführung:</u>
Um der starken Tendenz entgegenzuwirken, Kirche zuerst oder sogar ausschließlich von ihren „Binnenproblemen" her zu sehen und bei den Schwierigkeiten oder gar der Unfähigkeit zum Dialog innerhalb ihrer verschiedenen Gemeinschaftsbezüge auf den unterschiedlichen institutionellen Ebenen steckenzubleiben, muß der Blick nun ausgeweitet werden. Kirche ist „Sakrament für die Welt" (vgl. LG 1), sie ist also nicht um ihrer selbst willen – für sich selbst – da.

Erster Schritt:
Eine erste Gesprächsrunde knüpft an Apg 18,10 an: „Viel Volk nämlich gehört mir in dieser Stadt" und bringt den Sendungs- und Weltauftrag der Kirche zum Bewußtsein.

Für die theologische Vertiefung können herangezogen werden: Paul M. Zulehner, Was Kirche sein könnte (siehe Anhang M29); Roger Schutz, Kirche, was sagst du zu deiner Zukunft (siehe Anhang M30).

Auf dem Hintergrund des Vorhergehenden wäre dann die konkrete Weltverantwortung anzusprechen.

Zweiter Schritt:
Sie ist zunächst Verantwortung für die Schöpfung. Diese müßte besonders im Zusammenhang mit dem Heiligen Geist gesehen werden, der ja – von Vater und Sohn gesandt – ständig das Antlitz der Erde erneuert (vgl. Ps 104,30 – siehe auch den ganzen Ps 104). Darum ist gerade das Pfingstfest besonders geeignet zum Tag der Mahnung an unseren Schöpfungsauftrag und kann „zu einem Fest des Dankes für die Schöpfung werden. Besinnung auf die schöpferische Vernunft, die sich in der Schönheit der Welt zugleich als schöpferische Liebe erweist. Dank für die Schöpfung könnte dann Besinnung auf die Schöpfung werden, Besinnung auf schöpfungsgemäßes Verhalten, das geistgemäßes Verhalten ist, Abkehr von dem praktischen Materialismus, der die Welt mißbraucht und zerstört" (Joseph Ratzinger – zitiert in Josef Neuner, Mein Leben mit Christus gestalten, Verlag Echter, Würzburg 1988, S. 319).

Dritter Schritt:
Weltverantwortung umfaßt auch besonders die Sorge für die Benachteiligten in unserer Welt. „Kennst du die Armen in deiner Stadt?" so hat Mutter Teresa von Kalkutta in diesem Zusammenhang sehr ernst gefragt.

Vierter Schritt:
Als wichtiges Beispiel zur Beurteilung unserer gegenwärtigen politischen und gesellschaftlichen Situation dienen Ausschnitte aus der letzten Enzyklika Papst Johannes Pauls II. „Centesimus Annus": Nr. 51; 57 und 58 (Verlautbarungen des Apostolischen Stuhles Nr. 101 vom 1. 5. 1991, hrsg. vom Sekretariat der Deutschen Bischofskonferenz).

Aus der Hildesheimer Diözesansynode (S. 104):
„Beim Versuch, privates und politisches Handeln miteinander zu verbinden, geht es um unsere Glaubwürdigkeit als Christen. Schon seit mehr als zwei Jahrzehnten mahnen die Kirchen – angesichts der genannten Weltprobleme – einen neuen Lebensstil in den reichen Ländern an, der sich auf einschneidende Verhaltensänderungen einläßt. Aber allzuoft haben die Kirchen moralische Appelle erlassen, ohne den notwendigen Verpflichtungen auch selbst zu folgen. So bleiben gesellschaftliche Wirkungen aus. Diese mangelnde Konsequenz ist mit ein Grund für die Glaubwürdigkeitskrise in unserer Kirche. Vor diesem Hintergrund halten wir es für entscheidend, im Geiste Jesu und in Gemeinschaft mit anderen Schritt für Schritt unser Leben zu ändern."

8 Meine „Kirchenberufung"

Hinführung:
An die beiden vorhergehenden „Kurseinheiten" und vor allem zur praktischen Umsetzung der Kapitel 2 und 3 des Teiles I schließt sich eine zusammenfassende Besprechung über den „Einsatz" des/der einzelnen in der Gemeinde / der Kirche an – sowohl in ihrem „Binnenraum" als auch in den verschiedenen Formen ihres „Weltdienstes".

Erster Schritt:
Es sollten Aspekte für die Aufgaben in Kirche und Welt aus den vorhandenen Erfahrungen (auch im Aufzeigen von Defiziten!) zusammengetragen werden:
z. B. Besuchsdienst, Erstkommunionvorbereitung durch Eltern in kleinen Gruppen, Firmkatechese;
Pax-Christi-Gruppen, die sich besonders einzelner Projekte zur Bewahrung der Schöpfung angenommen haben, Sorge für Behinderte und Kranke;
Mitarbeit in Verbänden etc.

Beim Aufschlüsseln und unterscheidenden Bewerten mag ein Wort von Edith Stein wegweisend sein: „Du sollst sein wie ein Fenster, durch das Gottes Liebe in die Welt hineinleuchten will. Die Scheibe darf nicht stumpf und schmutzig sein; sonst verhinderst du das Leuchten Gottes in der Welt" (zitiert in: Texte des Eucharistischen Weltkongresses 16. bis 23. Juli 1981 Lourdes, Predigt von Kardinal Joseph Höffner, S. 124).

Vielleicht kann für diese Zusammenkunft jemand gebeten werden, der Erfahrung in einem dieser Dienste vermitteln und Hilfen zu konkretem Handeln geben kann.

„Kirchenbilder" aus dem MISSIO-Heft: Bibel-Teilen (missio aktuell-Verlag, Aachen 1986) können betrachtet werden. Aus Texten können Anregungen gewonnen werden, z. B. aus: Zum Mangel an Berufungen (siehe Anhang M31); L. Ringnalda, Die Gemeinde eine Mannschaft (siehe Anhang M32).

Theologische Überlegungen können die Zusammenhänge erhellen, z. B. J. B. Metz, Volkskirche – Bürgerkirche – Basiskirche (siehe Anhang M33); P. M. Zulehner u. a., Sie werden mein Volk sein, Grundkurs gemeindlichen Glaubens, Patmos-Verlag, Düsseldorf 1985.

<u>Zweiter Schritt:</u>
Bei der Vielfalt der Gaben, die der Geist Gottes schenkt (vgl. 1 Kor 12; Röm 12,6–8), ist doch nicht allen jede Gabe geschenkt. So kommt es also darauf an, daß jeder/jede seine/ihre besonderen Gaben herausfindet und einzusetzen bereit ist.

<u>Dritter Schritt:</u>
Wie läßt sich erkennen, was GOTT mit **mir** vorhat?

Eine gute Hilfe bietet die in der Tradition der Kirche überlieferte Übung der **„Unterscheidung der Geister".**

In der Heiligen Schrift wird ihre Bedeutung betont:

Gal 5,19–28; Eph 5,8–11.

Eine ausführliche Anleitung bietet:
Gisbert Greshake, Gottes Willen tun, Verlag Herder, Freiburg 1984; oder auch Michael Schneider, Das neue Leben, Geistliche Erfahrungen und Wegweisung, Verlag Herder, Freiburg 1987.

Daraus können die folgenden Regeln zur „Unterscheidung der Geister" als Gesprächsgrundlage gebraucht werden:

- Versuche dich und dein Leben möglichst genau zu verstehen.
- Gottes Stimme ist erkennbar am Einklang mit der Heiligen Schrift, vor allem, wenn sie sich auf eine konkrete Weisung Jesu zurückführen oder an seinem Verhalten überprüfen läßt.

- Verwirkliche das, was du vom Evangelium begriffen hast – sei es auch noch so wenig; das aber tue ganz (Roger Schutz).
  (Charles de Foucauld: Frage in allen Dingen, was hätte unser Herr getan, und handle so. Dies ist deine einzige Regel, aber es ist eine unbedingte Regel.)
- Gottes Stimme rät, was vernünftig ist. Das heißt, du kannst dich deiner positiven existentiellen Empfindung anvertrauen.
- Jeder Ruf Gottes ist ein Ruf in die Freiheit und bringt einen Zuwachs an Leben, Liebe und Engagement.
- Damit ist zugleich gesagt, daß die Erfüllung des göttlichen Rufes am Ende Trost, Freude, Zuversicht und Hoffnung schenkt.
- Wenn Gottes Ruf auch herausfordert, so überfordert er doch am Ende nicht.
- Gottes Stimme ist nicht verschwommen, sondern eindeutig, konkret.
- In wichtigen Fällen zumindest muß sich das, was man als Gottes Stimme zu vernehmen glaubt, dem Urteil anderer aussetzen lassen; denn nicht nur der Glaube kommt vom Hören, sondern auch das Kennen und Deuten des göttlichen Willens.

Die Überlegungen über „Meine Kirchenberufung" können abschließen mit der Erinnerung an die Berufung des Petrus durch den auferstandenen Herrn (Joh 21,15–19). Daran kann noch einmal deutlich gemacht werden, daß jede Berufung aus einer Erwählung der zuvorkommenden Liebe des Herrn kommt und die Zusage seiner verwandelnden Kraft enthält (vgl. Johannes Bours, Da fragte Jesus ihn, S. 209–221 – dieses Kapitel richtet sich nicht nur an Petrus als den Träger eines Amtes, sondern gilt jedem für seine „Kirchenberufung").

Aus der Hildesheimer Diözesansynode (S. 40):
„In der gegenwärtigen Umbruchssituation, in der die gesellschaftlich abgestützte >Volkskirche< zu Ende zu gehen scheint, kommt es mehr denn je darauf an, daß unser Christsein in einem persönlich übernommenen und auf die Gemeinschaft bezogenen Glauben gründet. Wir sehen darum als unser pastorales Hauptziel: Aus der *Kirche für das Volk* muß mehr und mehr eine lebendige *Kirche des Volkes* werden, in der jeder und jede einzelne seine/ihre Berufung wahrnimmt und sich verantwortlich beteiligt weiß am Schicksal dieser Kirche, damit sie ihre Sendung zu allen Menschen erfüllen kann.

Dieses pastorale Ziel ist geleitet von einem subjektorientierten Kirchen- und Gemeindeverständnis, das sich am biblischen Bild vom >Volk Gottes< orientiert und vom Konzil wieder in den Vordergrund gerückt worden ist. Es zielt darauf hin, daß mehr und mehr Gemeindemitglieder zu fragen anfangen: >Gott, was hast Du mit mir in Deiner Kirche vor? Welche Gabe hast Du mir geschenkt, und wie soll ich sie in Deiner Kirche einbringen, damit sie mitten in der Welt Zeichen Deiner Menschenfreundlichkeit ist?<"

9 „Kirche ist Eucharistie"

Hinführung:
Mit diesem Wort von Josef Ratzinger (Jos. Kard. Ratzinger, Zur Gemeinschaft gerufen, Verlag Herder, Freiburg 1991, S. 70) kann das in Ansätzen im gesamten „Kurs" des Teiles II angesprochene und in erster Linie in der „Grundlegung" des Teiles I entfaltete „geistliche Geheimnis der Kirche" zusammengefaßt werden.

Auf die Bedeutung der eucharistischen Feier wurde bereits in den vorhergehenden Kurseinheiten in unterschiedlichen Zusammenhängen verwiesen. Nun ist es an der Zeit, in einer vertieften Betrachtung das eucharistische Opfersakrament ausführlicher zu bedenken und die Verbindungslinien zu den einzelnen Elementen zu ziehen, die zur Kirche in ihrer Gottesverwurzelung, in ihrem Miteinander in der Gemeinschaft der Glaubenden, in ihrer Sendung in die Welt hinführen.

Eine Einleitung könnte ggf. einen Abschnitt aus einem Vortrag von Leo Scheffczyk beim Eucharistischen Weltkongreß vom 16. bis 23. Juli 1981 in Lourdes aufgreifen (siehe Text dazu im Anhang M34).

Erster Schritt:
So wird erhellt, was Josef Neuner im Anschluß an das II. Vatikanum zusammensieht:
„In der Eucharistie wird die ganze Kirche, die Gemeinschaft aller Gläubigen selbst >ein Sakrament, d. h. Zeichen und Werkzeug für die innigste Vereinigung mit Gott wie für die Einheit der ganzen Menschheit< (LG 1)" (Jos. Neuner, Mein Leben mit Christus gestalten, Verlag Echter, Würzburg 1988, S. 229/230).

Wie das aussieht, zitiert Neuner: „Wenn wir wirklich Eucharistie, Danksagung feiern, öffnen wir uns einander, kümmern wir uns umeinander, sorgen wir füreinander, lassen wir einander gelten, dienen wir einander, trauern und leiden wir miteinander, freuen wir uns miteinander, und was der Apostel Paulus in dem großen Gleichnis von 1 Kor 12 alles sonst ausführt. Und so sind wir der >eine Leib<, der >Leib Christi<, die innige Korporation derer, die vom Herrn leben und deshalb füreinander leben. Im Herrenmahl wird sie immer von neuem gefestigt und sichtbar. Letztlich von ihm her muß sie sich dann im Alltag bewähren“ (s. o. S. 232, Zitat aus Heinrich Schlier, Die Freude seiner Nähe. Bibl. Besinnung, Verlag Herder, Freiburg 1980).

Zweiter Schritt:
Beim Gespräch über die Eucharistie müssen wichtige Texte aus der Heiligen Schrift ausführlich zu Wort kommen.

- Mk 14,17–25; Mt 26,20–29; Lk 22,14–23
- 1 Kor 11,17–34; Offb 3,20; 19,17
- Lk 24,35 (siehe auch Kurseinheit 4)
- Joh 6,26ff

Außerdem können bedacht werden:

- *Mk 14,12–16; Mt 26,17–19; Lk 22,7–13*
- *Joh 13,1–14,31; 21,20*
- *Mk 6,37–52; Mt 14,17ff; Lk 9,13. 16ff; Joh 6,9ff; Mk 8,4ff; Mt 15,33ff*
- *Apg 2,42ff; 20,7; 27,35;*
  1 Kor 10,16f; 11,26–28

Aus den Texten des II. Vatikanums kann herangezogen werden:

- Die Zusammenfassung des eucharistischen Mysteriums:

„Unser Erlöser hat beim Letzten Abendmahl in der Nacht, da er überliefert wurde, das eucharistische Opfer seines Leibes und Blutes eingesetzt, um dadurch das Opfer des Kreuzes durch die Zeiten hindurch bis zu seiner Wiederkunft fortdauern zu lassen und so der Kirche, seiner geliebten Braut, eine Gedächtnisfeier seines Todes und seiner Auferstehung anzuvertrauen: das Sakrament huldvollen Erbarmens, das Zeichen der Einheit, das Band der Liebe, das Ostermahl, in dem Christus genossen, das Herz mit Gnade erfüllt und uns das Unterpfand der künftigen Herrlichkeit gegeben wird“ (SC 47).

- Das Sakrament der Einheit:

„Bevor er (der eingeborene Sohn Gottes) sich selbst auf dem Altar des Kreuzes als makellose Opfergabe darbrachte, hat er für alle, die an ihn glauben, zum Vater gebetet, >daß alle eins seien, wie Du, Vater, in mir, und ich in Dir, daß auch sie in uns eins seien: damit die Welt glaubt, daß Du mich gesandt hast< (Joh 17,21), und er hat in seiner Kirche das wunderbare Sakrament der Eucharistie gestiftet, durch das die Einheit der Kirche bezeichnet und bewirkt wird“ (UR 2).

- Der Gipfel des Tuns der Kirche und die Quelle aller Gnade:

„Dennoch ist die Liturgie der Gipfel, dem das Tun der Kirche zustrebt, und zugleich die Quelle, aus der all ihre Kraft strömt. Denn die apostolische Arbeit ist darauf hingeordnet, daß alle, durch Glauben und Taufe Kinder Gottes geworden, sich versammeln, inmitten der Kirche Gott loben, am Opfer teilnehmen und das Herrenmahl genießen.

Andererseits treibt die Liturgie die Gläubigen an, daß sie, mit den >österlichen Geheimnissen< gesättigt, >in Liebe eines Herzens sind<; sie betet, daß sie >im Leben festhalten, was sie im Glauben empfangen haben<; wenn der Bund Gottes mit den Menschen in der Feier der Eucharistie neu bekräftigt wird, werden die Gläubigen von der drängenden Liebe Christi angezogen und entzündet. Aus der Liturgie, besonders aus der Eucharistie, fließt uns wie aus einer Quelle die Gnade zu; im höchsten Maß werden in Christus die Heiligung des Menschen und die Verherrlichung Gottes verwirklicht, auf die alles Tun der Kirche als auf sein Ziel hinstrebt“ (SC 10).

Vergleiche dazu auch: SC 2; 6; LG 3; 11; PO 5; AG 15.

Es kann auch eine Meditation als Ausgangspunkt dienen: „Was du ißt, das wirst du.“ Oder: „Das Nehmen des Brotes ist eine Verpflichtung auf die Sendung Jesu“ (vgl. Neuner a. a. O., S. 228).

Zur biblischen Meditation eignet sich das Weinstockgleichnis (vgl. Joh 15).

<u>Dritter Schritt:</u>
Auf solche Weise werden die einzelnen Gesprächsabschnitte noch einmal im Zusammenhang aufgegriffen:

Eucharistie schafft Gottesverwurzelung;

denn sie ist im Geist gewirkte Communio mit dem Sohn und mit ihm Hingabe an den Vater.

Vater: Hier ist ein Zitat aus Ratzinger, Zur Gemeinschaft gerufen, S. 24 hilfreich (siehe Anhang M35).

Sohn: „Die eucharistische Gemeinschaft mit Jesus ist Selbsthingabe an Gott mit Jesus" (Neuner, a. a. O. S. 228).

Heiliger Geist: Gal 4,4–6; Röm 8,26; Eph 4,3–6. Anschließend kann dann ein kurzer Text von Ratzinger folgen (siehe Anhang M36).

Eucharistie schafft Gemeinschaft untereinander;
denn der eucharistische Leib baut den mystischen Leib.

Dazu kann ein weiterer Text von Ratzinger herangezogen werden (siehe Anhang M37).

Eucharistie schafft Heiligung der Welt;
denn sie ist Wandlung und Sendung.

Hierzu kann ein Abschnitt aus einer Predigt von Kardinal Höffner beim Eucharistischen Kongreß 1981 gewählt werden (siehe Anhang M38).

Eucharistie ist schließlich Verheißung und Unterpfand des endgültigen Lebens in Gottes Herrlichkeit.

Auch diesen Aspekt kann ein erläuternder Text aus dem Vortrag von Leo Scheffczyk beim Eucharistischen Kongreß 1981 verdeutlichen (siehe Anhang M39).

Aus der Hildesheimer Diözesansynode (S. 24 und S. 25):
„Das Konzil läßt uns schließlich nicht im unklaren darüber, was solche Sendung für uns bedeutet. Der Weg Christi muß auch unser Weg werden (vgl. LG 8). Wenn wir daher durch den Empfang der eucharistischen Gaben Ihm gleichgestaltet werden, werden wir selbst zum an die Welt und für die Menschen hingegebenen Leib Christi. Erst in solcher Hingabe sind wir also Seine Kirche, >gleichsam das Sakrament, das heißt Zeichen und Werkzeug für die innigste Vereinigung mit Gott wie für die Einheit der ganzen Menschheit< (LG 1).
Als Konsequenz daraus ergibt sich: Gemeinschaft mit der Welt drängt dazu, Gemeinschaft für die Welt zu werden. Wir können ja das eucharistische Brot nicht teilen, ohne auch das tägliche Brot zu teilen. Wir sind deshalb herausgefordert zur zeichenhaften Begrenzung

unseres Reichtums und unserer Macht, zur einschneidenden Änderung unseres Lebensstils und zum entscheidenden Eintreten für Freiheit, Gerechtigkeit und Frieden."
„Wir sollen lernen, Kirche und Gemeinde als Communio, d. h. als Gemeinschaft mit Gott, miteinander und für die Welt neu zu verstehen und tiefer zu verwirklichen."

10 Kirche unterwegs – Leben aus der Heiligen Schrift; Kleine christliche Gemeinschaften

Hinführung:

Eucharistische Gemeinschaft

baut auch „Kleine Gemeinschaften" und „durchsäuert sie".

Eucharistische Gemeinschaft

lebt vom „WORT GOTTES" – das ist CHRISTUS selbst – und von allen „WORTEN GOTTES" – IN DER HEILIGEN SCHRIFT.

Erster Schritt:

Es könnte in der Gruppe, die sich nach Art des in Teil II vorgeschlagenen Kurses gefunden hat oder in ähnlichen Schritten miteinander ein Stück Weg gegangen ist, überlegt werden, ob sie – oder einige ihrer Mitglieder – entsprechend den Anregungen in Kapitel 4 des Teiles I als Gemeinschaft zusammenbleiben kann und will und so auf die Dauer zu einer „Kleinen christlichen Gemeinschaft" zusammenwächst (vgl. dazu: Josef Homeyer, Aufbruch zu neuer Gemeinschaft, Verlag Bernward, Hildesheim 1991 – besonders das Kapitel: Gemeinschaft herstellen, S. 27ff). Sie muß dann selbst die Form ihres gemeinsamen Weges entdecken.

Zweiter Schritt:

Sie muß auch ihre Möglichkeiten des Umgangs mit der Heiligen Schrift herausfinden.

In einer Reihe von Gemeinden ist bereits das sogenannte „Bibel-Teilen" versucht worden (vgl. allgemein dazu Teil I, Kapitel 4). Es kann diese Methode des Umgangs mit der Heiligen Schrift vorgestellt und erprobt werden, wie sie in der Praxis afrikanischer und lateinamerikanischer Gemeinden entwickelt wurde (mit Varianten, die an unsere Situation angepaßt sind). In einem eigenen Werkheft – Bibel-Teilen, Werkheft für Gruppen in der Gemeinde –, das von MISSIO, Aachen (missio aktuell-Verlag, Aachen 1986) zusammengestellt worden ist, sind auch andere Methoden des Umgangs mit der Heiligen Schrift erläutert.

Hier soll die sogenannte Sieben-Schritte-Methode als Hilfe angeboten werden:

1. Wir laden den Herrn zu uns ein.
Wer möchte in einem Gebet Jesus zu uns einladen?

2. Wir lesen den Text.
Wir schlagen Kapitel ... auf. Wer möchte die Verse vorlesen?

3. Wir suchen einige Worte heraus und denken darüber nach.
Wir suchen Worte oder kurze Sätze aus dem vorgelesenen Text heraus, lesen sie mehrmals laut und andächtig, wobei wir zwischendurch immer kurze Pausen der Stille einlegen.

4. Wir lassen Gott in der Stille zu uns sprechen.
Wir werden für ... Minuten ganz still und lassen Gott zu uns sprechen.

5. Wir tauschen uns aus über das, was wir in unserem Herzen vernommen haben.
Welches Wort hat uns persönlich angesprochen? Wir können uns auch austauschen über jede „Geistliche Erfahrung", z. B. wie die einen oder anderen das „Wort des Lebens" gelebt haben. Wir „diskutieren" keinen der Beiträge, auch wenn sich vielleicht einige nicht über den Text „mitgeteilt", sondern ihn „kommentiert" haben.

6. Wir diskutieren eine Aufgabe, die unserer Gruppe jetzt klar geworden ist.
a) Bericht über eine frühere Aufgabe.
b) Welche neue Aufgabe steht vor uns? WER hat WAS und WANN zu tun?

7. Wir beten miteinander ganz spontan.
Wir schließen mit einem Gebet oder Lied, das alle auswendig kennen."

(Aus: Bibel-Teilen, Werkheft für Gruppen in der Gemeinde. MISSIO, Aachen; missio aktuell-Verlag, Aachen 1986).

Außer diesen praktischen Möglichkeiten, die Heilige Schrift zum bestimmenden Wegweiser für das christliche Leben zu machen, darf die Beschäftigung mit den Voraussetzungen für das sachgerechte Verständnis nicht vernachlässigt werden (Hilfen dazu bieten die Kleinschriften des Kath. Bibelwerkes, außerdem natürlich das Studium von Dei Verbum, der Dogmatischen Konstitution über die göttliche Offenbarung des II. Vatikanums).

Aus der Hildesheimer Diözesansynode (S. 71):
„ Wir tun uns schwer, unser Leben an der Heiligen Schrift zu orientieren. Daher ist das Gespräch über das Wort Gottes in der Gemeinde, vor allem auch in Ehen und Familien, eine vorrangige Aufgabe. Im Gebet und im Schriftgespräch sollen die Übersetzung des Wortes Gottes ins eigene Leben und die damit gemachten Erfahrungen im Mittelpunkt stehen. Dadurch wächst die Fähigkeit, über Glaubenserfahrungen zu sprechen."

Aus der Hildesheimer Diözesansynode (S. 134 und S. 135):
„Wir laden unsere Schwestern und Brüder im ganzen Bistum ein, sich selbst in Gemeinschaft mit anderen auf Gottes Wort in der Heiligen Schrift einzulassen und ihr Leben mehr und mehr daran zu orientieren."
„Auf eine neue Art Kirche zu werden, beginnt mit dem Versuch, auf eine neue Art Christ zu sein. Vielleicht wird uns dann miteinander die Erfahrung der Emmausjünger geschenkt: Als Jesus ihnen den Sinn der Schrift erschlossen hatte und sie Ihn beim Brotbrechen erkannten, kehrten sie mit neuer Hoffnung nach Jerusalem zurück und wurden zu Zeugen Seiner Auferstehung – >bis an die Grenzen der Erde< (Apg 1,8)."

TEIL III

Anhang

Abkürzungen

1. Die Stellen aus der Heiligen Schrift richten sich nach: Ökumenisches Verzeichnis der biblischen Eigennamen nach den Loccumer Richtlinien (Deutsche Bibelgesellschaft, Katholische Bibelanstalt, Stuttgart 1981)

2. Abkürzungen für zitierte Beschlüsse des II. Vatikanischen Konzils:
   - LG = Lumen gentium, Dogmatische Konstitution über die Kirche
   - DV = Dei verbum, Dogmatische Konstitution über die göttliche Offenbarung
   - SC = Sacrosanctum concilium, Konstitution über die hl. Liturgie
   - GS = Gaudium et spes, Pastoralkonstitution über die Kirche in der Welt von heute
   - AA = Apostolicam actuositatem, Dekret über das Apostolat der Laien
   - AG = Ad gentes, Dekret über die Missionstätigkeit der Kirche
   - PO = Presbyterorum ordinis, Dekret über Dienst und Leben der Priester
   - UR = Unitatis redintegratio, Dekret über den Ökumenismus

3. Abkürzungen für zitierte Enzykliken und Apostolische Schreiben:
   - EN = Evangelii nuntiandi, Apostolisches Schreiben Papst Pauls VI. über die Evangelisierung in der Welt von heute (Verlautbarungen des Apostolischen Stuhles Nr. 2, hrsg. vom Sekretariat der Deutschen Bischofskonferenz 1975)
   - FC = Familiaris consortio, Apostolisches Schreiben Papst Johannes Pauls II. über die Aufgaben der christlichen Familie in der Welt von heute (Verlautbarungen s. o., Nr. 33, 1981)
   - CfL = Nachsynodales Schreiben Christifideles laici Papst Johannes Pauls II. über die Berufung und Sendung der Laien in Kirche und Welt (Verlautbarungen s. o., Nr. 87, 1988 [1989])
   - CA = Enzyklika Papst Johannes Pauls II. Centesimus annus zum hundertsten Jahrestag von Rerum novarum (Verlautbarungen s. o., Nr. 101, 1991)

4. Andere gebrauchte Abkürzungen:
   - Synode = Diözesansynode Hildesheim 1989/90: Kirche und Gemeinde Gemeinschaft mit Gott – miteinander – für die Welt (Verlag Bernward, Hildesheim 1990)

SKK AT = Stuttgarter Kleiner Kommentar zum Alten Testament,
SKK NT = dsgl. zum Neuen Testament
(Verlag Kath. Bibelwerk, Stuttgart)

5. Sonstige Abkürzungen verweisen auf unmittelbar im Text angeführte Literaturangaben.

Erläuterungen zu einigen wichtigen Begriffen

Charisma

Charisma (von griechisch charis = Gnade) ist meist in einem ersten Verständnis nach dem Neuen Testament die Erwählung durch Gott, das unverdiente ewige Leben (vgl. Röm 11,29; 6,23).

Im allgemeinen wird unter Charisma im Anschluß an Paulus eine der Wirkung des Heiligen Geistes zugeschriebene besondere Befähigung verstanden, die nicht in erster Linie zur Heiligung des einzelnen, sondern zum Dienst in Kirche und Welt geschenkt wird. Keiner hat alle Gaben, sie sind vielmehr zahlreich unter den Getauften verteilt. Gaben wie Gottesverehrung in spezifischer Ausprägung (vgl. 1 Kor 12,9f; 14,2–4; 7,7), vor allem aber Fähigkeiten zur Mitwirkung am Heil anderer, am Aufbau der Gemeinde, am Weltdienst der Kirche (vgl. z. B. 1 Kor 12; Röm 12; Eph 4,1ff, in denen beispielhafte „Charismenkataloge" stehen) zeigen, daß die Charismen zur Grundstruktur der Kirche gehören. „Durch sie macht Gott die Gläubigen geeignet und bereit, für die Erneuerung und den gedeihlichen Aufbau der Kirche verschiedene Werke und Dienste zu übernehmen" (LG 12; vgl. auch LG 4;7; PO 9; AA 3;30; AG 4;28; GS 32).

Zwar entsprechen die Charismen oft auch natürlichen Fähigkeiten des Menschen oder schließen sich an solche an. Aber sie können auch von dem Betroffenen als „Einbrüche" und als Durchkreuzen seiner natürlichen Voraussetzungen erfahren werden. Damit ist nicht selten der Antrieb des Heiligen Geistes zur Korrektur von Fehlentwicklungen und zu Erneuerungen in der Kirche verbunden. Die Hinordnung auf das kirchliche Amt soll dabei dem rechten Gebrauch der Charismen dienen (vgl. 1 Kor 14,33. 37f; LG 12).

Das II. Vatikanum hat auf die besondere Bedeutung der Charismen der Laien für den Aufbau, vor allem für die Erneuerung der Kirche hingewiesen (vgl. AA 10; 3; PO 9).

Diakonie

Diakonie (von griechisch diakonein = dienen) ist eine der Grundlebensäußerungen der Kirche – zusammen mit der Verkündigung (martyria) und der Liturgie (leiturgia).

Wenn die Kirche „Sakrament", d. h. Zeichen und Werkzeug der Liebe Gottes zu den Menschen ist – sichtbar geworden im Erlösungswerk des menschgewordenen Gottessohnes –, dann ist sie zum Dienst besonders am leidenden Menschen gerufen. Das ist zunächst sicher der „Dienst der Versöhnung". Aber ihr Dienst gilt auch dem Menschen in psychischer Bedrängnis, in leiblicher Krankheit und in Armut. Er bleibt nicht beim einzelnen Menschen stehen, sondern sucht nach den Ursachen der Not – z. B. ungerechte soziale Verhältnisse – und versucht, an den Wurzeln der äußeren Fehlentwicklungen und -haltungen Abhilfe zu schaffen.

Zwar hat die Kirche bei der modernen weltweiten Verflechtung der Lebensbereiche für diese Dienste auch gesellschaftliche Strukturen übernommen, um sachgerecht helfen zu können. Aber die aus dem Glauben erwachsende Nachfolge Christi in seinem Dienst an allen der Hilfe Bedürftigen wäre mißverstanden, wenn Diakonie der Kirche nicht ihr Vorbild und ihre Kraftquelle fände in Gottes Dienst an der Welt in Christus, der allem menschlichen Dienen vorausgeht. Deshalb ist Diakonie immer zuerst Verpflichtung der Gemeinde und des einzelnen in ihr.

Der persönliche Einsatz bis zur Selbsthingabe ist in Jesu Verhalten unmittelbar ablesbar (vgl. die Heilungsgeschichten, das Gleichnis vom barmherzigen Samariter Lk 10,25–37, vor allem aber das Gerichtsgleichnis Mt 25,31–46).

In der Feier der Eucharistie, die auch in der Fußwaschung gedeutet ist (vgl. Joh 13,1–20), erfährt der Christ Gottes eigenen Dienst an seinem Volk. Dieser Dienst will nicht nur das persönliche Heil schenken, sondern gerade auch zur Weitergabe an alle diejenigen befähigen, die dieses Heiles bedürfen.

Es darf hier auch bedacht werden, daß es in den Gemeinden unterschiedliche Charismen gibt, so daß nicht alle den gleichen Dienst tun können – der eine mehr in der Sorge um das leibliche Wohl, andere mehr im Einsatz für das geistige und geistliche Wohl der Mitmenschen. In diesem Sinne sind auch die sogenannten „geistigen und leiblichen Werke der Barmherzigkeit" zu verstehen und zu verwirklichen.

Darüber hinaus sei an die großen organisierten Werke der Nächstenliebe erinnert: Caritas, Misereor, Adveniat, MISSIO und andere. Desgleichen sei darauf aufmerksam gemacht, daß sich im Bereich der Diakonie auch ein weites Feld ökumenischer Zusammenarbeit der Gemeinden, aber auch der übergreifenden großen Werke öffnet.

Dreifaltigkeit (Trinität)

Gott existiert nicht einsam, sondern ist in sich selbst, in seinem Wesen Fülle und Bewegung der Liebe dreier Personen: Vater, Sohn und Heiliger Geist.

Dieses sein innerstes Lebensgeheimnis **(„Mysterium")** übersteigt jedes menschliche Erkennen und Begreifen. Wir wissen davon nur, weil Gott es uns geoffenbart hat.

Darüber hinaus hat er diese seine Liebe in der Menschwerdung des Sohnes und der Sendung des Heiligen Geistes seinen Geschöpfen zugewandt.

Der Mensch kann ihm kraft dieses Geschenkes in Glauben und liebender Hingabe antworten. Auf solche Weise vollzieht er den grundlegenden und zugleich tiefsten Akt seiner christlichen Existenz. Im dankbaren Empfangen und Beantworten der von Gott durch Christus im Heiligen Geist geschenkten Teilhabe am innerdreifaltigen Leben gewinnt er sein Heil.

Alles Beten in der Liturgie der Kirche, alle Spendung von Sakramenten geschieht im Namen von Vater, Sohn und Heiligem Geist.

Eucharistie (Gedächtnis – Opfer)

Die Eucharistie (von griechisch eucharistein = danken) hat ihre Grundlage im Letzten Abendmahl Jesu mit seinen Jüngern. In ihm (vgl. vor allem Lk 22,19f und 1 Kor 11,23ff; auch Mk 14,22f) hat Jesus seine Hingabe am Kreuz unter der Gestalt eines Mahles geheimnisvoll dargestellt und sich selbst, d. h. seinen im Tode hingegebenen und in der Auferstehung erhöhten Leib und sein Blut in den Gestalten von Brot und Wein seinen Jüngern zur heilswirksamen Speise gegeben. Dieses heilige Mahl und darin sein **Kreuzesopfer*** hat er seinen Jüngern zum bleibenden „Gedächtnis" übergeben. Dieses **„Gedächtnis"** (Anamnese) ist keine bloße Erinnerungsfeier, sondern – wie es bereits alttestamentlichem Verständnis entspricht – die in der heiligen Messe

---

* Unter **Opfer** verstand man sowohl im Alten Testament als auch in außerbiblischen Religionen eine Gabe, die der Mensch als Zeichen seiner Verehrung, seines Gehorsams, seines Dankes, seiner Bitte um Versöhnung und Segen der Gottheit zur Verfügung stellte.

Mit der Hingabe seines Lebens hat Christus allen anderen Opfern ein Ende gesetzt – seine Heilstat ist das endgültige, Gott wohlgefällige Opfer, das den Menschen allerdings zur liebenden Schicksalsgemeinschaft auf dem Weg der „Nachfolge Christi" herausfordert.

geschehende Gegenwärtigsetzung des Heilsgeschehens durch Jesus Christus mit seinem Höhepunkt im Kreuzesopfer, darin einbegriffen aber auch die Vergegenwärtigung der Menschwerdung, Auferstehung und Erhöhung Jesu (vgl. Joh 6,57f; Hebr 10,5–10).

Die Kirche als Gottes heiliges Volk lebt vom Leib Christi. Darum ist die Feier des eucharistischen Geheimnisses für die christliche Existenz heilsnotwendig (vgl. Joh 6,53). Denn Christi Opfer ist seine Hingabe an den Vater für das Leben der Welt.

Die Gegenwärtigsetzung seines Heilswerkes im Zeichen des Mahles weist darauf hin, daß die Feier der Eucharistie für die Verbindung der Seinen nicht nur mit ihm, sondern auch untereinander wesentlich ist. Darum ist sie auch für die Existenz der Gemeinde unverzichtbar.

Mit Taufe und Firmung gehört die Eucharistie zur christlichen Initiation (vgl. unter dem Stichwort: Initiation), d. h. in diesen drei Sakramenten wird der Christ Vollmitglied seiner Kirche.

Evangelisierung

Evangelisierung ist – als „die Gnade und eigentliche Berufung der Kirche" als „ihre tiefste Identität" (EN 14) – die Aufgabe, „allen Menschen die Frohbotschaft zu verkünden" (EN 14). Die Kirche ist die von Christus Gesandte, um seine messianische Heilssendung fortzuführen.

Sie hat das durch ihre Geschichte hindurch eher mit dem Begriff „Mission" umschrieben.

Diese ihre missionarische Berufung hat die Kirche nämlich zunächst als Auftrag der Verkündigung an „die Heiden" verstanden, darüber hinaus an jene, die zur Heilsbotschaft Christi noch keine Beziehung hatten.

Evangelisierung meint dagegen heute Umfassenderes: die Kirche richtet ihren Blick zunächst auf sich selbst und ihre eigenen Glieder, ohne jedoch die „anderen" aus dem Blickfeld zu verlieren. Nach den Worten Papst Pauls VI. in seiner Enzyklika „Evangelii nuntiandi" vom 8. Dezember 1975 läßt sich sogar das gesamte Anliegen des II. Vatikanums „in einem Wort zusammenfassen": „die Kirche des 20. Jahrhunderts besser zu befähigen, das Evangelium der Menschheit des 20. Jahrhunderts zu verkünden" (EN 2).

Evangelisierung fordert zuerst die Besinnung auf die Botschaft Jesu: die Aufrichtung der Gottesherrschaft, die in ihm selbst zuerst und vollkommen verwirklicht ist.

Diese frohe Botschaft – das „Evangelium" – weiterzutragen, ist unwirksam, wenn nicht ein Leben nach diesem Evangelium, d. h. in der Nachfolge Christi, die Verkündigung glaubwürdig macht.

Dieses Leben ist nur in ständiger innerer Umkehr, „durch eine tiefe Umwandlung in der Gesinnung und im Herzen“ möglich (EN 10).

Jene nun, „die aufrichtig die Frohbotschaft annehmen, vereinigen sich kraft dieser Annahme und des gemeinsamen Glaubens im Namen Jesu, um gemeinsam das Reich zu suchen, es aufzubauen, es zu leben. Sie bilden eine Gemeinschaft, die ihrerseits evangelisiert“ (EN 13).

Es ist die „ganze Kirche, die die Sendung zur Evangelisierung empfängt, und die Mitwirkung jedes einzelnen ist für das Ganze von Wichtigkeit“. Diese ganze Kirche als „Trägerin der Evangelisierung“ muß ihre Sendung verwirklichen, indem sie damit beginnt, „sich selbst zu evangelisieren“ (vgl. EN 15).

Durch „die Erneuerung aus der Taufe“ in steter Bekehrung kann die Kirche evangelisieren, „wenn sie sich bemüht, durch die göttliche Kraft der Botschaft, die sie verkündet, zugleich das persönliche und kollektive Bewußtsein der Menschen, der Tätigkeit, in der sie sich engagieren, ihr konkretes Leben und jeweiliges Milieu umzuwandeln“ (vgl. EN 18).

„Die Evangelisierung ist“ „ein vielschichtiges Geschehen mit verschiedenen Elementen: Erneuerung der Menschheit, Zeugnis, ausführliche Verkündigung, Zustimmung des Herzens, Eintritt in die Gemeinschaft, Empfang der Zeichen und Einsatz im Apostolat“ (EN 24).

Solche Art Evangelisierung führt zu einem vertieften Gottesverständnis und zu immer neuer Begegnung mit ihm. Sie läßt die Glieder der Kirche als eine erneuerte Gemeinschaft von Brüdern und Schwestern erfahren und zugleich Mitverantwortung für die Welt erkennen.

Daß gerade auch der Dienst an der Welt infolge der Evangelisierung der Kirche bei ihren eigenen Gliedern die erneute Verkündigung der Fülle des Heiles in Jesus Christus an die Menschen einschließt, die sich von der Kirche entfernt oder getrennt haben oder die noch nicht mit dem Evangelium bekannt geworden sind, führt wieder zurück zu dem älteren Verständnis von „Mission“.

Daß der Heilige Geist „der Erstbeweger der Evangelisierung“ ist (EN 75), mahnt die Kirche, sich seiner schöpferischen Kraft immer wieder betend zu vergewissern und seiner Führung zu folgen (vgl. EN 75).

Dann kann auch jeder einzelne Christ in der Annahme der Evangelisierung seinerseits „zum Zeugen einer Botschaft“ werden, „welche alle Menschen meint: daß Gott nämlich in seiner Liebe beim Menschen ankommen und bei ihm sein möchte und dies nur so kann, daß Menschen Gottes schon angebrochener Verheißung trauen und sich mit ihrem Leben auf Ihn einlassen" (Praktisches Lexikon der Spiritualität, Herder-Verlag, Freiburg 1988, Spalte 1142).

Exodus

Exoduserfahrungen (Exodus = Weggehen, Auszug, Aufbruch, Abschiednehmen) gehören sowohl zur Lebensgeschichte jedes einzelnen Menschen als auch menschlicher Gemeinschaften.

Im Alten Testament hat Israel Jahwe erfahren als seinen Gott, der es aus der Versklavung in Ägypten befreit und nach langer Wüstenwanderung in das von ihm verheißene Land geführt hat (vgl. Ex; Lev; Num; Dtn).

Diese Befreiungstat durch Jahwe ist das zusammenfassende Glaubensbekenntnis Israels.

Zu dieser Rettungstat durch Gott gehört der Weg durch die Wüste als ein schwieriger Prozeß, in dem das Volk lernen muß, was Leben unter der Führung Gottes bedeutet, d. h. daß es sich gläubig und in Treue der Verheißung Gottes überlassen muß.

Weitere Exoduserfahrungen werden bei Hosea, Jeremia, vor allem aber ausdrücklich in der Verheißung eines „neuen Exodus" aus dem babylonischen Exil durch Ezechiel und Deuterojesaja genannt.

Im Neuen Testament begegnet Jesus selbst als Mensch, bei dem der Exodus zum Kennzeichen seiner Existenz geworden ist. Jesu Exodus ist die ständige Orientierung am Willen des Vaters – bis hinein in das Dunkel von Ölberg und Kreuz.

Mit Jesus muß auch der Weg des Christen ein ständiger Exodus-Weg sein. Im Hinhören auf den Willen des Vaters, der sich im Heiligen Geist kundtut, in ständiger Offenheit und Umkehrbereitschaft vollzieht sich Nachfolge Christi – auch wenn sie durch weite „Wüstenstrecken" führt – in der Zuversicht, daß am Ende dieses Exodus das „Land der Verheißung", die Vollendung in der Teilhabe an Gottes Herrlichkeit steht.

Glaube

Glauben ist das „Sich-Festmachen" in Gott. Der glaubende Mensch sieht – wie Abraham im Alten, wie Maria im Neuen Testament – im Wort Gottes die absolute Wirklichkeit, auf die er sein ganzes Sein gründen, der er sicher trauen und vertrauen kann.

Solcher Glaube ist zwar ein Akt menschlicher Freiheit (vgl. DV 5); aber er kann nur von Gott selbst ermöglicht werden (vgl. Gal 2,15ff; Röm 3,21–31; 10,3–10).

Allerdings bleibt auch das von Gott her geschenkte „Wissen" zugleich im Dunkel aufgrund der letzten Unzugänglichkeit des göttlichen Geheimnisses.

Wenn auch zum Glauben das „Fürwahrhalten" der von Gott geoffenbarten Heilstatsachen gehört (vgl. Apg 6,7; Gal 5,7; Röm 1,5; 10,16 u. a.) – wie sie uns in der Heiligen Schrift und in der auf ihr beruhenden Lehre der Kirche begegnen –, so ist der Glaube zutiefst zusammen mit Hoffnung und Liebe die Antwort des Menschen mit seiner ganzen Existenz auf die sich schenkende Liebe seines Gottes.

Solcher Glaube, der durch Zeugen weitervermittelt wird, ist aus der Kraft Gottes imstande, mitzuhelfen bei der Erneuerung der Welt in Christus.

Gnade

Gnade (althochdeutsch: ganada = Wohlwollen – griechisch charis; lateinisch gratia) ist etwas wie ein „Kurzwort" für Gottes freies Handeln der Liebe am Menschen, mit dem er diesem die Teilhabe an seinem dreifaltigen Leben – ohne alle Voraussetzungen vom Menschen – schenkt. Zugleich gibt Gott alles, was der Mensch an Hilfe braucht, damit er diesen am Ende in die unverhüllte Herrlichkeit seines Lebens aufnehmen kann.

In diesem ursprünglichen Sinn ist Gnade Gott selbst, insbesondere der Heilige Geist, der Teilhabe an seinem Leben schenkt („ungeschaffene" Gnade).

Gottes Gegenwart im Menschen hat umwandelnde Kraft und befähigt diesen zur Gegenliebe, aber auch zur Liebe zu allem, was Gott liebt („geschaffene" Gnade). Diese „Seite" der Gnade hat verschiedene „Gesichter": Sündenvergebung, die Fähigkeit zu glauben, zu hoffen und zu lieben, die größere Bereitschaft zur Nächstenliebe, kurz die Möglichkeit, nun „in einem neuen Leben zu wandeln" (Röm 6,4).

Darin wird dann erkennbar, daß der Mensch „antwortet" und mit der Gnade „mitwirkt" und damit unter Umständen auch zum „Werkzeug der Gnade" für andere werden kann (vgl. 1 Kor 15,10).

Wenn der Mensch sich ganz dem Leben Gottes öffnet, wirkt Gott auch inmitten menschlicher Grenzen, Schwächen und Unzulänglichkeiten (vgl. 2 Kor 12,9f).

Initiation (Taufe – Firmung)

Initiation (= Einführung) umfaßt in der Religionsgeschichte eine Reihe von festgelegten religiösen Bräuchen (Riten), durch die ein Heranwachsender oder auch ein noch „Uneingeweihter" als vollwertiges und vollverantwortliches Mitglied in die religiöse Gemeinschaft aufgenommen wird.

Die Kirche sieht in Taufe und Firmung – und im erweiterten Verständnis in der Eucharistie (vgl. unter dem Stichwort: Eucharistie) – solche Initiationsriten für ihre Glaubensgemeinschaft.

Taufe

Die heiligen Handlungen der Taufspendung weisen entfaltend auf das hin, was in ihr geschieht. Die Kirche nimmt den Täufling in ihre Gemeinschaft auf. Ist er erwachsen, geht die Umkehr aus seinem bisherigen Leben und die Bindung an eine konkrete Gemeinde voraus, in der er in einem längeren Katechumenat (von griechisch katechein = mündlich unterrichten) mit den Heilsgeheimnissen bekannt gemacht wird.

Eingliederung in die Kirche bedeutet, daß der Täufling hineingenommen wird in das von Christus der Kirche, seinem vom Heiligen Geist beseelten Leib, eingestiftete Heil: Er wird hineingetaucht in die Teilhabe an Tod und Auferstehung des Herrn (vgl. Röm 6,3–5; Kol 1,12), d. h. er wird wiedergeboren „aus dem Wasser und dem Heiligen Geist" zu einem neuen Leben (vgl. Joh 3,5), dem innerdreifaltigen Leben Gottes.

Damit wird alles vernichtet, was diesem Leben entgegensteht: jegliche Form von Sünde (Erbsünde und persönliche Sünden) und den mit ihnen verbundenen Sündenstrafen (vgl. Joh 3,5; Eph 5,26f; Kol 2,13f).

Die Eingliederung in die Kirche ist unwiderruflich: der Getaufte und die Kirche sind von nun an aneinander gebunden (vgl. 2 Kor 1,21f; Eph 4,30) – darum kann die Taufe auch nicht wiederholt werden (die Theologie spricht vom „unauslöschlichen Siegel" der Taufe).

Die „Einverleibung" in den gekreuzigten und auferstandenen Herrn befähigt und verpflichtet darum zum Mitwirken am Werk Christi, an der Aufrichtung der Gottesherrschaft. Damit ist die Berufung des Getauften zum allgemeinen Priestertum verbunden.

Bei der Säuglingstaufe fallen persönliche Umkehr und Katechumenat fort. Dadurch rückt die Aufnahme in die Gemeinschaft der Glaubenden in den Vordergrund. Diese – vor allem die Eltern und Paten – werden mitverantwortlich für das Hineinwachsen des Täuflings in das Volk Gottes und für sein Zeugnis für das Heil in der Welt.

Firmung

Die Firmung steht in engstem Zusammenhang mit der Taufe. Wie bereits in dieser wird der Heilige Geist als eigene Gabe geschenkt, die den Christen in besonderer Weise teilnehmen läßt an der der Kirche verliehenen Pfingstgabe.

Die in der Taufe geschenkte Teilhabe am innerdreifaltigen Leben und am Priestertum Christi soll zur Reife gelangen. Darin ist die Sendung des Gefirmten zur „Heiligung der Welt" besonders betont.

So bewirkt die eine Gabe des Heiligen Geistes eine Entfaltung im Gefirmten: zunächst in jenen sieben Gaben, die nach dem Zeugnis der Heiligen Schrift schon die besonderen Auszeichnungen Christi waren: Weisheit, Verstand, Rat, Stärke, Wissenschaft, Frömmigkeit, Furcht des Herrn (vgl. Jes 11,2).

Der Heilige Geist gewährt aber auch besondere Gaben in verschiedenen Richtungen – die Charismen. Sie sind in erster Linie nicht um des Heiles des einzelnen willen gegeben, sondern sollen in unterschiedlicher Weise und Verteilung – je nach Berufung des einzelnen – zur Mitgestaltung von Kirche und Welt dienen (vgl. besonders 1 Kor 12; 14,26; vgl. unter dem Stichwort: Charisma).

Die Mitwirkung an der Auferbauung des Leibes Christi, der Kirche, zu der der Gefirmte berufen und befähigt wird, stellt bezüglich der Vorbereitung und der Begleitung der meist jugendlichen Gefirmten besondere Anforderungen an die Gemeinde.

Taufe, Firmung und Eucharistie sind die Sakramente, die zusammen den christlichen Initiationsprozeß bilden.

Kirche (Communio – Gemeinde)

Kirche (griechisch Kyriake = dem Herrn gehörig; griechisch ekklesia = das heilige Volk, vor allem dessen Festversammlung; lateinisch ecclesia) ist das heilige Volk Gottes, die Gemeinschaft der von Jesus Christus Gerufenen und in ihr glaubend Versammelten.

Mit dem Selbstverständnis des alttestamentlichen Israel als „Gottes Eigentumsvolk" (vgl. Lev 26,12 und viele andere Schriftstellen), das die Kirche unwiderruflich auf sich bezieht, sieht sich die Jüngergemeinde um Jesus im Dienst der in ihm angekommenen Gottesherrschaft (vgl. Mk 2,19f; auch Mk 1,16–20; 3,13–19; 6,6–13; Mt 8,11f; 19,28; Lk 22,29f).

Ihre Sendung und Befähigung, das Wort und Tun Jesu weiterzuführen und sein Heil durch die Zeiten bis zu seiner Wiederkunft gegenwärtig zu halten, ist der Jüngergemeinde im Pfingstereignis geschenkt worden. Der Heilige Geist als Gabe der in Christus angebrochenen Endzeit (vgl. Apg 2,2–21 – darin Joel 3,1–5) läßt die Jüngergemeinde zum Leib Christi zusammenwachsen (vgl. 1 Kor 6,15ff; Eph 1,22f; Kol 1,24). So lebt Christus in den Glaubenden fort, bindet sie an sich (vgl. Eph 4,12f; Gal 3,28) und aneinander (vgl. Röm 12,5 und 1 Kor 10,17. 21). Ihr Glaubensleben ist zwar ihre unverwechselbar einmalige Form der Nachfolge Christi. Aber sie ist nur möglich in der Teilhabe an der Gemeinschaft des Volkes Gottes („Koinonia, **communio**"[**]) und in der Eingliederung in den Leib Christi.

Diese Wirklichkeit der Kirche ist Geheimnis des Glaubens.

Die Gemeinschaft der Glaubenden aber ist auch sichtbar und darum gesellschaftlich verfaßt und den Gesetzen der Geschichte unterworfen.

Die Kirche ist als Institution – bei aller fundamentalen Gleichheit ihrer Glieder aufgrund der Taufe – hierarchisch aufgebaut. Außer dem allgemeinen Priestertum gibt es in ihr das Weihepriestertum als Leitungsamt, um das Zeugnis der Verkündigung und die Weitergabe des von Christus der Kirche anvertrauten Heilswerkes – vor allem in der Feier der Eucharistie – durch die Zeiten zu sichern. Dieses Leitungsamt hat drei Stufen: den Dienst des Bischofskollegiums zusammen mit dem Papst, den Dienst der Priester und der Diakone.

Es ist das nicht hoch genug einzuschätzende Verdienst des II. Vatikanums, daß es die einseitig gewordene Sicht der Kirche unter dem Blickwinkel ihrer institutionellen Wirklichkeit korrigiert hat. Das Konzil hat erneut die geistliche Dimension der Kirche betont.

[**] Sie ist zutiefst „Sakrament", d. h. Zeichen und Werkzeug der Gemeinschaft (communio) zwischen Vater, Sohn und Heiligem Geist und damit selbst **communio**, Gemeinschaft der an Christus Glaubenden (vgl. unter dem Stichwort: Sakrament).
Dieser Gemeinschaftscharakter verpflichtet die Kirche zu einer Lebensgestaltung, die solcher communio in all ihren Bereichen entspricht. Darum sind alle Glieder der Kirche berufen zur Mitverantwortung und zum Mitwirken.

Seit ihren Anfängen wird die Kirche erfahrbar in konkreten einzelnen Gemeinschaften, in **Gemeinden**. Diese sind nicht schlechthin Untergliederungen in der Kirche. Vielmehr ist in den „rechtmäßigen Ortsgemeinschaften der Gläubigen" oder auch innerhalb fest umschriebener Personenkreise – in denen das Wort Gottes verkündigt wird (martyria), die Eucharistie und die übrigen Sakramente gefeiert werden (leiturgia) und die Dienste der Liebe geschehen (diakonia) – „die Kirche Christi wahrhaft anwesend". Sie sind nämlich an ihrem Ort „das von Gott berufene neue Volk" (LG 26).

Die konkrete Gestalt der Gemeinde muß nicht überall und zu jeder Zeit die gleiche sein.

Waren die Gemeinden der apostolischen Zeit im wesentlichen „Hausgemeinden" (vgl. z. B. 1 Kor 4,17; 6,4; 10,32; 11,22; vor allem Röm 16,1–16), so sind unsere heutigen Gemeinden oft – besonders ob ihrer Größenordnung – unüberschaubare Territorialpfarreien.

Es sind darum vielerorts – besonders in Lateinamerika, Afrika, Südostasien, auf den Philippinen – Versuche gemacht worden, in kleinen überschaubaren Gruppen das communio-Verständnis von Kirche praktisch zu leben. Gleichzeitig entstanden solche Gruppierungen – allgemein **Basisgemeinden** genannt –, weil auf der Südhalbkugel der Erde die immer katastrophalere Armut und Unterdrückung nach Befreiung und Änderung der wirtschaftlichen Verhältnisse riefen. So ist das brüderlich-schwesterliche Miteinander in gemeinsamer Ausrichtung an der Heiligen Schrift und den aus ihr entspringenden Impulsen zur gemeinsamen gesellschaftlichen und sozialen Tat das charakteristische Merkmal solcher Basisgemeinden geworden.

Im Bereich der sogenannten „alten Kirchen" wollen Basisgemeinden besonders versuchen, eine im Dickicht von Anonymität und Bürokratie versinkende Kirche zu erneuern.

Die Umwandlung unserer Gemeinden in Gemeinschaften aus lebendigen kleinen Zellen ist Zukunftsvision auch bei uns.

Liturgie (Gottesdienst)

Liturgie (griechisch leiturgia = Tun des Volkes) ist der amtliche Gottesdienst der Kirche.

Zunächst ist Liturgie Gottes Dienst an uns, wird doch in der Vollmacht heiliger Handlung – in Wort und Zeichen – das Heilswerk Jesu gegenwärtig und kraft seines Hohenpriestertums den Menschen zugewandt (vgl. SC 7).

Als heilige Gemeinschaft des Gottesvolkes antwortet die Kirche auf dieses Geschenk in Lob, Dank und Bitte. „Liturgie ist Dialog und Lebensaustausch zwischen Gott und Mensch" (Praktisches Lexikon a. a. O., Spalte 798).

Als Tun der Kirche vollzieht sich Liturgie in bestimmten festen Formen, die teilweise unveränderlich sind, die aber auch viele dem geschichtlichen Wandel zugängliche Teile umfassen.

Die Mitte aller liturgischen Feiern ist die Feier der Eucharistie (vgl. unter dem Stichwort: Eucharistie). Auf sie sind die übrigen Sakramente hingeordnet (vgl. unter dem Stichwort: Sakrament). Aber auch das Stundengebet, Wortgottesdienste, alle Zeremonien, die die Sakramente begleiten und erläutern, Weihungen und Segnungen („Sakramentalien") zählen zur Liturgie.

Die Liturgie sollte in der Mitte des Betens und Tuns auch des einzelnen Christen stehen und sowohl „Quelle" als auch „Gipfel" christlicher Existenz sein (vgl. SC 10).

Meditation

Meditation ist Übung der Besinnung, der Betrachtung, durch die der Mensch „hinabsteigt" in seine eigene Tiefe. Dabei muß er die Oberfläche der äußeren Eindrücke, der rationalen Begriffe durchstoßen und alle seine Kräfte einsetzen, um zum Grunde seiner Existenz vorzudringen. Dazu kann er sich auch helfender Techniken bedienen.

Das Ziel **christlicher Meditation** ist die Begegnung mit Gott im Bemühen um das Hinhören auf die göttliche Offenbarung, mehr noch um „ihr inneres Fühlen und Verkosten" (Ignatius von Loyola) und die sich daraus entfaltende Hingabe an Gott.

Im inneren Schweigen kann die Erkenntnis wachsen, welche Beziehungen die Gegenwart Gottes zum Alltag hat. So wirft die Meditation nicht nur Licht auf konkrete Möglichkeiten der Nachfolge Christi des einzelnen Christen, sondern vertieft gleichzeitig sein gesamtes Beten. Darum sollte die Meditation nicht ohne die Bitte um den Heiligen Geist begonnen und nicht ohne Dankgebet abgeschlossen werden.

Unter möglichen Formen der Meditation – wie z. B. der biblischen, der Vertiefung in das eigene Selbst mit all seinen Verflechtungen und Beziehungen zu Menschen und Dingen mit den „Augen Gottes", der gläubigen Betrachtung von Bildern, der ehrfürchtigen Begegnung mit Gott in der Schöpfung in der sogenannten naturalen Meditation – sollten auch Meditationen in Gemeinschaft ihren Platz haben. Unter diesen vor allem gemeinsamen Meditationen ist die **Metaphermeditation** besonders hilfreich zum gegenseitigen Verstehen und zum Austausch von unterschiedlichen Zugängen zu den Heilswirklichkeiten und von geistlichen Erfahrungen.

Die Metapher (von griechisch Metaphora = Übertragung) ist eine Veranschaulichung besonders einer geistigen Wirklichkeit mit Hilfe von Vergleichen, Bildern, ähnlichen Erfahrungen.

In der Metaphermeditation werden besonders in einer Gruppe mit Hilfe von derartigen Vergleichen bestimmte meditative Inhalte und Erfahrungen untereinander ausgetauscht, weil die Sprache der Begriffe oft nicht ausreicht, um sich verständlich zu machen.

Im Zusammenhang mit den theologischen Versuchen, sich der Erkenntnis Gottes zu nähern, hat man Aussagen zusammengestellt, die eher erklären, was Gott nicht ist, als was er ist (sogenannte „negative Theologie").

Gemeinsame Metaphermeditation hilft oft, unzulängliche oder falsche Gottesbilder zu korrigieren, aber auch den eigenen Glauben zu bezeugen.

Mystik

Mystik (von griechisch mystikos = mit den Geheimnissen verbunden) ist „Erfahrungswissen von Gott" (Thomas von Aquin). Solche Erfahrung überschreitet die gewöhnliche Erkenntnis, sie ist eine nicht „machbare", in der Tiefe des Herzens geschenkte unvermittelte und unbegriffliche „Berührung durch Gott". Mystik ist – weil Gottes Fülle sein dreifaltiges Sein ist – immer Gnadengabe des Vaters durch den Sohn im Heiligen Geist, wenn auch die erlebte Begegnung in der nachträglichen Reflexion im Mystiker eigenständige persönliche Akzentuierungen haben kann.

Die Unmittelbarkeit der Berührung durch Gott kann zu unterschiedlichen Erlebnisweisen im Menschen führen. Die großen Mystiker und Mystikerinnen der Kirchengeschichte sprechen allerdings auch übereinstimmend von verschiedenen Stufen auf dem Weg der mystischen Begegnungen. Zu Anfang wird im allgemeinen die Selbstmitteilung Gottes als beglückende Nähe erfahren. Dieses Bei-Gott-Sein – das „Ruhegebet" – geht später, wenn Gott den Menschen immer intensiver von seiner Bindung an sein Ich lösen will, über in schmerzhafte Erfahrungen der Reinigung und Läuterung. Diese intensiven Dunkelheiten – die „Nächte der Sinne und des Geistes" – sollen den Menschen von Grund auf umwandeln und ihn so vorbereiten auf die intensive Beglückung der liebenden „Erleuchtung und Einigung".

In der Mystik erreicht der Glaube seine auf dem irdischen Pilgerweg höchst-mögliche „Gewißheit" und führt zu intensiver Gottes- und Nächstenliebe.

Mystische Erfahrungen als reine Gnadengeschenke Gottes können durch keine Methode „erobert" werden. Bei nachträglicher Reflexion können sie auch nur in Bildern und Vergleichen – oft sogar nur in einander scheinbar widersprechenden Aussagen – „versprachlicht" werden. „Wer könnte je beschreiben, was er (Gott) den liebenden Seelen, in denen er Wohnung genommen, zu verstehen gibt? Und wer wird auszudrücken vermögen, was er sie empfinden läßt?" (Johannes vom Kreuz) Oder: „Herr, gib mir neue Wörter" (Teresa von Avila) (Praktisches Lexikon a. a. O., Spalte 909).

Wie die mystische Gottbegegnung erlebt wird und sich dann sprachlich spiegelt, ist ganz durch die individuelle Anlage, auch durch die Zeit und Umgebung bedingt, in der der mystisch begnadete Mensch lebt. Und ebenso ist die äußere Lebensgestaltung von der dem einzelnen geschenkten natürlichen Begabung und den ihm verliehenen Charismen abhängig.

Ruf (Berufung)

Gott wird in der Heiligen Schrift immer wieder als der Rufende und Berufende verstanden. Er spricht sein Volk und auch den einzelnen an, um durch sein wirkendes Wort Partnerschaft mit seinem schöpferischen Tun im Menschen zu stiften. Gottes Kraft befähigt dabei auch zu dem, wozu Menschen aus ihren natürlichen Anlagen nicht fähig sind. Das wird besonders deutlich in den Berufungsgeschichten der Propheten im Alten Testament (vgl. z. B. Jes 6,1–13; Jer 1,4–10).

In Jesus Christus nimmt Gottes Ruf endgültige Gestalt an (vgl. z. B. Mk 1,16–20; aber auch Mk 2,17), indem er Menschen teilhaben läßt an seiner eigenen Berufung: der Aufrichtung der Gottesherrschaft zu dienen.

Die Berufung geht auch im Neuen Testament an einzelne und an die Gemeinschaft (vgl. Mk 3,13f). „Sie ist in einem Berufung zu Jesus; zur Einheit der Kirche (Eph 4,1–6); zum Kreuz (1 Petr 2,21); zur Welt" (Praktisches Lexikon a. a. O., Spalte 1067).

Von Berufung sprechen wir vornehmlich im Hinblick auf besondere Lebensstände in der Kirche: z. B. zum Priestertum, zum Ordensleben oder auch zu besonderen Aufgaben des Apostolates in Kirche und Welt.

In jeder Berufung erfährt der Mensch sein innerstes Wesen: Angerufener zu sein, der antworten soll – auf den, der ihn gerufen hat, auf Gott.

Mit Berufung hat schließlich auch der Beruf zu tun, so wie wir ihn alltäglich verstehen: als jene Lebensform, in der sich der Ruf zum Dienst für Gott und in der Welt konkret verwirklicht. Dabei kann es geschehen, daß Gottes besonderer Ruf auch vom gewöhnlichen Beruf wegruft (vgl. z. B. Mk 10,28).

Als zur Antwort Herausgeforderter muß der Mensch den Willen Gottes für sich persönlich zu erkennen suchen: im Gebet, im Leben aus der Heiligen Schrift, auch im Dialog mit Menschen, die aus ihrer geistlichen Erfahrung und Sachkenntnis raten können.

Sakrament

Sakrament (lateinisch zuerst Fahneneid; wörtlich = Heiliges: griechisch mysterion = Mysterium, Geheimnis) ist ein „Sammelbegriff für einige zentrale kirchlich-liturgische Handlungen, die symbolischen Charakter haben und im Vollzug selbst Anteil geben an dem in Jesus Christus geschenkten göttlichen Heil" (Praktisches Lexikon a. a. O., Spalte 1076).

Im Neuen Testament wird der Begriff „mysterion" gebraucht für „Gottes Heilsratschluß für die Welt und seine geschichtliche Verwirklichung in Jesus Christus, zugleich die konkrete welthafte Bezeugung und Fortführung dieses universalen Heilsplanes durch die Kirche (vgl. Eph 3,1–13; Kol 1,25–27)" (Praktisches Lexikon a. a. O., Spalte 1077).

Damit ist grundgelegt, was das II. Vatikanum wieder ins Bewußtsein gerufen hat: „Die Kirche ist nämlich in Christus gleichsam das Sakrament, d. h. Zeichen und Werkzeug für die innerste Vereinigung mit Gott wie für die Einheit der ganzen Menschheit" (LG 1).

Wenn die Kirche von dieser ihrer Sakramentalität ausdrücklich Gebrauch macht und das Heilswerk Christi in bestimmter Akzentuierung und Zuordnung zu wichtigen heilsbedeutsamen Situationen ihren Gliedern zuwendet, sprechen wir von Sakramenten.

Für Taufe und Eucharistie kann die Kirche sich auf die ausdrückliche Bezeugung im Neuen Testament berufen (Röm 6,1–11; 1 Kor 10 – 12; Gal 3,26–29).

Die Rückbesinnung – vor allem durch das II. Vatikanum (besonders in LG und SC) – auf den Charakter der Kirche als Grundsakrament hat zu einer neuen Sicht der einzelnen Sakramente geführt. Sie wollen „in verschiedenen Stadien menschlichen Lebens uns angesichts bedrängender Sinn-Suche leibhaftig Gottes Heil vermitteln, indem sie zunächst lebendigen Anteil am kirchlichen „Leib Christi" schenken und darin die heilstiftende Begegnung mit Christi Leib und Leben möglich und wirklich werden lassen“ (Praktisches Lexikon a. a. O., Spalte 1080).

Die Erfahrbarkeit des von Christus geschenkten und von der Kirche vermittelten Heiles wird im Sakrament gesichert durch das deutende Wort, das meistens mit einer symbolischen Handlung zusammengeht, aber auch durch eine materielle Wirklichkeit noch stärker verdeutlicht wird.

Die Gnadenwirkung der Sakramente im Empfänger ist zwar abhängig von dessen innerer Disposition gegenüber dem Heilsangebot Gottes. Aber sie ist unabhängig von der subjektiven religiösen Verfassung des Spenders, sofern dieser nur rechtmäßig im Namen der Kirche handelt (das Sakrament wirkt „ex opere operato“ = durch das vollzogene Werk selbst).

Das erneuerte Sakramentenverständnis sieht nicht nur den Zusammenhang zwischen der unsichtbaren Heilswirklichkeit und der geistig-leiblichen Existenz des Menschen. Vielmehr werden die Sakramente auch wieder stärker als gemeinschaftliche Feiern der Kirche gesehen. Dadurch wird die Einbindung der einzelnen Sakramente in die Grundwirklichkeit der gesamten Kirche als Sakrament betont; ja, es wird ihr gesamtes Tun sakramental verstanden.

Säkularismus

Unter Säkularismus „versteht man eine Geisteshaltung, die eine religiöse Interpretation der Wirklichkeit ausschließt, bzw. eine weltanschauliche Position, die den Bedeutungsverlust von Religion und Kirche ausdrücklich gutheißt“ (Handwörterbuch religiöser Gegenwartsfragen, Herder-Verlag, Freiburg ^{2}1986, S. 415). Diese Geisteshaltung, die inzwischen weit verbreitet ist, ist die Folge eines geschichtlichen Prozesses, in dem zunächst – besonders im Anschluß an die Zeit der „Aufklärung“ und an die Entwicklung eines rein naturwissenschaftlich-technischen „Weltbildes“ – die Eigenständigkeit der „Welt“ erkannt und von der Kirche als solche auch bejaht wurde (vgl. GS 36).

Mit der zunehmenden Aufspaltung der Wirklichkeit in vielfältige, unverbundene Lebensbereiche und ihnen zugeordnete wissenschaftliche Erkenntnisse wurden auch Religion und Kirche zu einem Teilbereich neben vielen anderen. So verloren Glaube und Kirche im Bewußtsein der Menschen zunehmend an Bedeutung für die Sinndeutung des Lebens und die Erklärung der Welt.

Die Lebensgestaltung wurde abhängig gemacht von unmittelbar greifbaren Errungenschaften von Wirtschaft und Kultur.

Dieses Daseinsverständnis gipfelt „in der Herausstellung des Menschen als des freien, autonomen Subjekts, das alle vorgegebenen Traditionen als Vorurteile durchschaut oder aber kritisch auf ihre Geltung überprüft und dem die Wirklichkeit zum durchschaubaren und beherrschbaren Material wird. Das neuzeitliche Subjekt gestaltet seine Welt aus eigenem Vermögen, es verdankt sich niemand anderem" (Handwörterbuch a. a. O., S. 416). Für Gott bleibt da kein Raum mehr, man kann ihn höchstens noch als „Lückenbüßer" für noch nicht erklärbare Phänomene dulden.

Zwar gibt es in der letzten Zeit Anzeichen für eine neue Sehnsucht nach „dem Religiösen". Aber gewisse gesellschaftliche Bewegungen, die auf solche Sehnsucht eine Antwort geben wollen, bieten oft „Geheimlehren" und „Riten" an, die mit Christentum nichts oder nur wenig zu tun haben.

Auch die Kirche beginnt, sich angesichts des weitverbreiteten Säkularismus auf ihren Auftrag zur Neu-Evangelisierung zu besinnen (vgl. unter dem Stichwort: Evangelisierung). In geistlichen Aufbrüchen der letzten Jahre zeigen sich Neuansätze zur Überwindung des Säkularismus in der Rückkehr zu den zentralen christlichen Lebensvollzügen.

Spiritualität

Der Begriff „Spiritualität" (= geistliche Lebensform) hat in den letzten Jahren zunehmend den Gebrauch des Wortes „Frömmigkeit" verdrängt.

Weil Spiritualität zunächst „vor aller begrifflichen Klärung die gelebte Grundhaltung der Hingabe des Menschen an Gott und seine Sache" ist, „ist Spiritualität eine so vielgestaltige Größe wie das Leben selbst und wie die Vielgestaltigkeit möglicher Beziehungen zu Gott" (Handwörterbuch a. a. O., S. 443; zitiert auch in Praktisches Lexikon a. a. O., Spalte 1170/1171).

Hingabe an Gott, Leben aus dem Glauben ist nur aus dem Heiligen Geist möglich (vgl. Röm 5,5; auch Röm 8,15; Gal 4,6). Damit ist auch der Zusammenhang insbesondere mit Taufe und Firmung gegeben (vgl. unter dem Stichwort: Initiation mit Taufe und Firmung).

Spiritualität hat es also mit verschiedenartigen Ausprägungen des Christwerdens und damit des vollgültigen Menschwerdens schlechthin zu tun. Beispielhaft werden darum auch Versuche zur Definition von Spiritualität unternommen, ohne daß sich darin ihr „Inhalt" erschöpft (siehe: Praktisches Lexikon a. a. O., Spalte 1171/1172). In allen verschiedenen Aspekten leuchtet Spiritualität – als umfassender Begriff – auf als Werk des Heiligen Geistes im persönlichen Leben, in der Gestaltung der Gemeinden und Gemeinschaften, im Leben der gesamten Kirche, im Dienst an der Welt.

Derselbe Geist gestaltet den Christen um zum „neuen Menschen" nach dem Bild Jesu Christi, des Erstgeborenen aller Schöpfung (vgl. Kol 1,15). Darum ist er, der neue Stammvater aller, der „Letzte Adam" (1 Kor 15,45), Mitte und Ziel aller christlichen Spiritualität.

Tradition

Tradition in einem allgemeinen Sinn ist die Überlieferung, das Herkommen. Sie faßt das in der Menschheitsgeschichte angesammelte Wissen, die Einrichtungen etc. zusammen. Daran kann Neues angefügt und gemessen werden. Altes kann aber auch so festgehalten werden, daß nichts Neues mehr daneben aufkommen kann.

Im Bereich des Glaubens umfaßt Tradition (nun im theologischen Sinn verstanden) die Weitergabe des Offenbarungsgutes und ist damit die geschichtliche Grundlage für den Glaubensvollzug.

Dabei begegnet uns die Weitergabe der geoffenbarten Wahrheit zunächst in dem, was aufgrund der mündlichen Verkündigung in der Heiligen Schrift – besonders des Neuen Testamentes – unter dem Beistand des Heiligen Geistes aufgeschrieben wurde (vgl. DV 7). Die in der Heiligen Schrift begegnende Tradition hat normative Bedeutung, d. h. alle weitere entfaltende und in Sprache und Begriffswelt der jeweiligen „geschichtlichen Stunde" erfolgende Verkündigung der Kirche ist inhaltlich gebunden an die Verkündigung der apostolischen Zeit. Die verbindliche Weitergabe des gesamten Glaubensgutes geschieht ebenfalls unter dem Beistand des Heiligen Geistes, den Christus seiner Kirche zugesichert hat (vgl. Joh 14,16f. 26; 16,13).

Schrift und Tradition bilden eine Einheit, weil sie sich um ihres Ursprungs und Inhalts willen – das ist die göttliche Offenbarung – gegenseitig bedingen (vgl. auch DV 9; 10).

Neben dieser Tradition im strengen Sinn gibt es eine Fülle von überlieferten Verwirklichungen verschiedener Lebensgestaltungen in der Nachfolge Christi wie auch von Frömmigkeitsformen aufgrund besonderer Charismen (vgl. unter dem Stichwort: Charisma), die immer neu der Überprüfung bedürfen und die selbstverständlich nicht allgemein oder dauernd bindend sind (das gilt auch für feste Regeln innerhalb religiöser Gemeinschaften wie z. B. für Orden).

M1

Es predigt

Einfahrt verboten

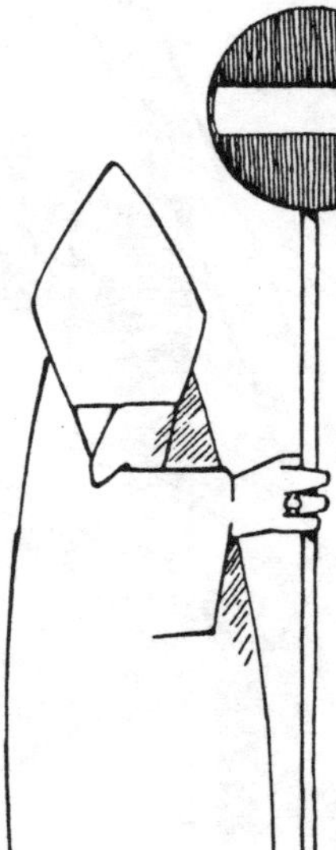

„Es predigt" © Klaus Franken
„Einfahrt verboten" © Jals, Schweiz

M2

M3

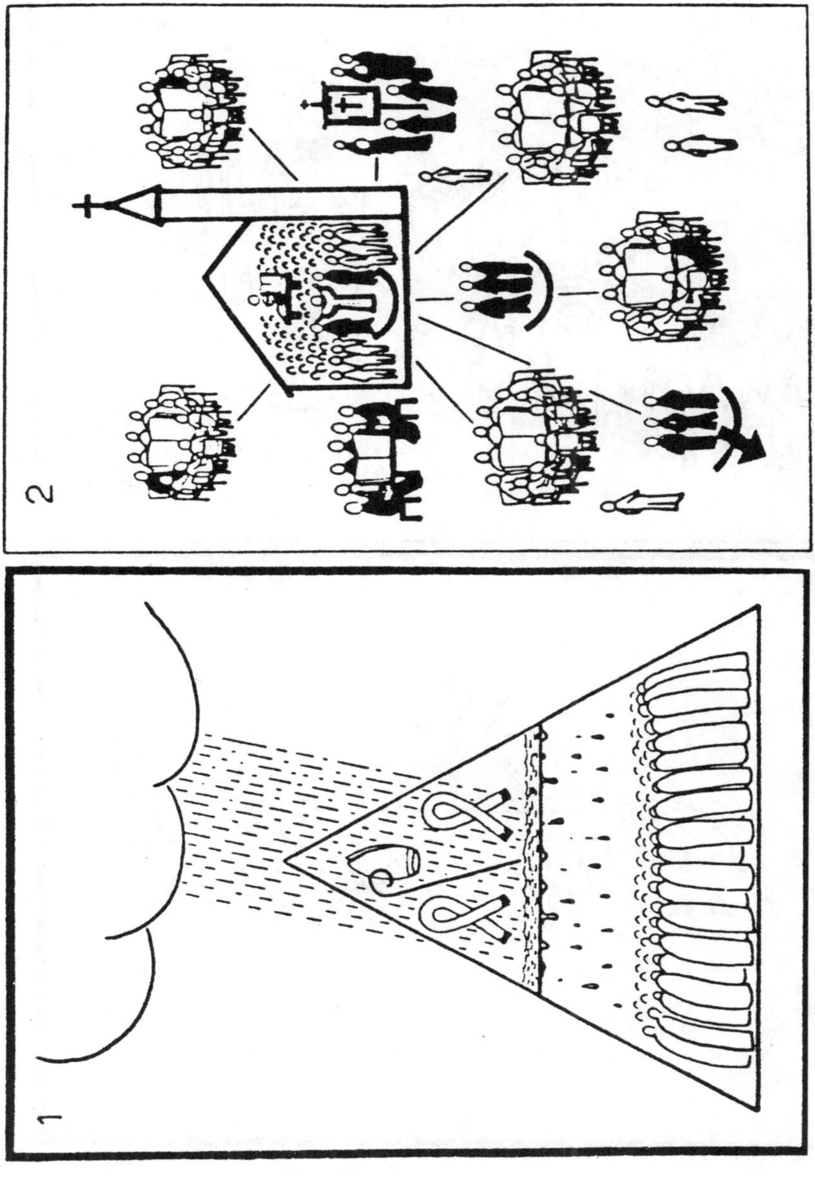

3

4

M4

Rudolf Walter Leonhardt

Kirchenaustritt

Als diese „Argumente“ in der ‚ZEIT‘ erschienen, gab es Fürspruch und Widerspruch „massenhaft“. Mein Reservoir an Argumenten, die ja nicht meine Argumente sind, sondern nur von mir gesammelte Argumente, hat sich dadurch erheblich vergrößert. Es konnte deswegen in diesem Buch nichts ganz so stehenbleiben, wie es einmal in der Zeitung gestanden hat. Ein paar Themen habe ich „gekippt“: das war wohl nichts, und es war auch nicht zu retten. Alle anderen habe ich durch Einbeziehung von Für- und Widerspruch erweitert. Am schlimmsten ist es dem Autor mit den Argumenten für und gegen Austritt aus der Kirche ergangen. Eine Welle der Aufregung lief durch die Post, 113 Briefe waren zu beantworten, unter denen der von Josef Jalics aus Ravensburg recht typisch war: „Ich bin ein begeisterter Leser der Argumente pro und contra. Diesmal hat Herr Leonhardt enttäuscht. Die Argumente bleiben an der Oberfläche ... Vielleicht sollte Herr Leonhardt in manchem das Feld Kompetenteren überlassen.“ Also „kippen“? Ich hatte jene Vernunft, die sich dafür aussprach, im Verdacht, sie könnte auch nur Bequemlichkeit sein. Die Argumente von 113 Lesern einer anspruchsvollen Zeitung für oder gegen den Austritt aus der Kirche sollten nicht in einem Aktenordner verkümmern. Ich notiere sie hier, eins nach dem anderen, freilich ohne die vielen Überschneidungen und Wiederholungen. Bliebe dies noch vorauszuschicken: Die Frage nach dem Kirchenaustritt stellt sich natürlich nur den sogenannten Christen, die weder leiden an der Tatsache, daß sie durch eine von ihnen selber nicht zu verantwortende Taufe Mitglieder der Kirche geworden sind, noch dieser Mitgliedschaft sehr viel haben abgewinnen können; kurz, Kirchensteuerzahlern wider Willen, aber ohne Widerwillen. Das allerdings gilt für mehr als die Hälfte aller Deutschen im Westen, wo Kirchenzugehörigkeit nicht mit unmittelbaren politischen Konsequenzen verknüpft ist.

Pro

1. Durch Austritt aus der Kirche spart der Steuerzahler Geld; einige nur fünfzig Mark im Jahr, andere fünfhundert oder mehr, je nach Einkommen; immerhin.

2. Wer durch die Kirchensteuer, die ja auch karitativen Zwecken dient, ein gutes Werk zu tun oder auch nur sein Gewissen zu erleichtern meint, versäumt bessere Möglichkeiten, sein Geld für ganz bestimmte und seinem Wollen entsprechende karitative Zwecke – von der Behandlung querschnittgelähmter Kinder bis zur Betreuung politischer Gefangener – zur Verfügung zu stellen.
3. Es ist nicht einzusehen, warum die Kirche von den Kirchensteuern immer mehr Kirchen bauen sollte, von denen viele a) nicht besonders schön und b) leer sind. Warum soll ausgerechnet die sakrale Baukunst mit Steuermitteln vor dem Aussterben bewahrt werden? Warum nicht auch die Kunst des Elfenbeinschnitzens, Alphörnerbaus und Silhouettenschneidens?
4. Schöne Kirchen, die wir alle zuweilen gern besichtigen, besonders, wenn wir in Italien sind, können vom Staat, Abteilung Denkmalsschutz, unterhalten werden.
5. Wer Kirchensteuern zahlt, gibt der Kirche die Möglichkeit, ihn statistisch als einen der Ihren zu verbuchen. Sie kann dann ihren Anspruch auf Mitbestimmung in der Gesellschaft auf die vielen als engagierte Christen ausgegebenen Kirchensteuerzahler gründen. Ihre Macht scheint größer, als sie ist.
6. Es ist ehrlicher, anständiger, durch Austritt aus der Kirche offen darzutun, daß man die Macht der Kirche für ein im Grunde unnützes, wo nicht sogar gefährliches Relikt* aus einem vorwissenschaftlichen Zeitalter und die Verbindung zwischen Staat und Kirche, „Thron und Altar", für einen nicht einmal mehr liebenswerten Anachronismus** hält.
7. Keiner sollte ein Mitläufer sein.
8. Wer garantiert dem Kirchensteuer-Christen, daß er nicht durch seine auf geduldigem Papier verzeichnete Mitgliedschaft in der Kirche auch eine politische Partei fördert, die er gar nicht fördern will?
9. Wer garantiert dem Kirchensteuer-Christen, daß seine von ihm für karitative und religiöse Zwecke gedachten Mitgliedsbeiträge nicht in einer Weise verwendet werden, die er grundsätzlich mißbilligt? Dazu könnte gehören die Volksverdummung durch Traktätchen*** -Literatur oder der Kauf von Grundstücken oder der Kauf von Waffen, für welchen „höheren" Zweck auch immer.

---

* Relikt: Überrest; Überbleibsel

** Anachronismus: Zeitwidrigkeit; das Hineinstellen einer Sache in einen Zeitabschnitt, in den sie eigentlich, historisch gesehen, nicht hineingehört

*** Traktat: religiöse Flugschrift; Abhandlung

10. Jeder Kirchensteuerzahler trägt dazu bei, daß die Kirche eine finanzielle Großmacht ist.

Contra

1. Warum sollte man sich ausgerechnet um den Teil der Steuern drücken, bei dem man das Gefühl hat, er diene irgendwie guten Zwecken? „Irgendwie“? – ja, denn „das Gute“ entzieht sich logischer Beweisführung.
2. Private, persönliche, gezielte Wohltätigkeit wäre sehr schön, wenn sie nicht so oft vergessen würde. Die Kirche hat ihren Apparat, der weiß, wie er Geld eintreibt; der aber auch weiß, wo es am dringendsten gebraucht wird.
3. Wer will sich Kirchen aus dem Bild unserer Städte und Landschaften ganz wegdenken? Wir haben sie als Erbe übernommen. Und welches Erbe wollen wir weitergeben?
4. Kirchensteuern verweigern kann guten Gewissens nur, wer ganz sicher ist, daß er Dienste der Kirche nie in Anspruch nehmen will, sei es zur Taufe, sei es zur Hochzeit, sei es zum Begräbnis; sei es seiner selbst oder eines Nächsten.
5. Kirchenaustritt hat gesellschaftliche Konsequenzen, die bedacht sein wollen: nicht nur für den Austretenden, sondern auch für seine Familie.
6. Die Kirchen haben es schwer gemacht, aus ihnen auszutreten. Man muß da persönlich bei einer Behörde vorsprechen und zehn Mark bezahlen und eine Bedenkzeit über sich ergehen lassen. Es „gehört sich“ noch immer eigentlich nicht, aus der Kirche auszutreten.
7. Es könnte jemand meinen, durch seine Mitgliedschaft in einer Kirche, und sei sie auch nur formal, dazu beizutragen, daß diese Welt nicht ausschließlich an Input-Output* gemessen wird, daß geistige und geistliche Güter eine Chance haben zu überleben, obwohl sie doch so ganz unzeitgemäß scheinen. Es könnte jemand nach langer Lebenserfahrung die Überzeugung gewonnen haben, daß die Frommen die schlechtesten Menschen nicht sind. Warum sollte er dann aus der Kirche austreten.

---

* Input-Output: (engl.) Einsatz – Ergebnis; in der Wirtschaft: eingesetzte Produktionsmittel – produzierte Güter

Conclusio*

Eigentlich hätte ich ganz gern stärkere Argumente dagegen gefunden, aus der Kirche auszutreten. Sollte Johanna Hagedorn aus Düsseldorf recht haben, die mir schrieb: „Bei Ihrem Contra, Herr Leonhardt, hatte ich das Gefühl, daß der Klerus** auch Ihnen die Angst vor der Hölle mit Erfolg eingeimpft hat."? Aber „der Klerus" sah das nun wieder ganz anders; und wo nicht der Klerus, da doch Pastor Heutger (Dr. Dr.), der, „Leonhardts Vorstellungen" zum Teil erfindend, zum Teil mißverstehend, an die ‚ZEIT' schrieb: „Der so schneidig hingeschmetterte Artikel von Rudolf Walter Leonhardt enthält trotz seiner Kürze mehrere Unrichtigkeiten. 1. Entgegen Leonhardts Vorstellungen nimmt jedes (nominelle)*** Kirchenmitglied die Dienste der Kirche in Anspruch … 2. Entgegen Leonhardts Vorstellungen erlaubt sich die Kirche, Ausgetretenen die kirchliche Mitwirkung beim Begräbnis zu versagen … 3. Kirche und Staat haben bei uns nichts miteinander zu tun … 4. Entgegen Leonhardts Vorstellungen kommt kein einziger Pfennig der Kirchensteuer irgendeiner Partei zugute." – „(Es) würde mich interessieren, ob Sie sich auf Grund der sicherlich in einer großen Zahl eingehenden Zuschriften zu einer Revision**** der ‚Conclusio' bereit finden könnten", fragt der Rechtsanwalt Dr. Rüdiger Michaelis aus Wiesbaden. Und ich muß gestehen, der Schmetter-Pastor mit dem doppelten Doktortitel, der nicht allein steht, sondern für andere spricht, hätte mich dahin bringen können. Revidiert habe ich ja die Conclusio auch. Aber ich bleibe ein steuerzahlendes Mitglied der Kirche, nicht weil ich vor der Hölle Angst hätte, die kenne ich schon, sondern weil ich den Pastor unserer Gemeinde, weil ich junge Theologen in Release-Zentren***** und Obdachlosen-Asylen, weil ich christliche Sozialfürsorger und Krankenschwestern erlebt habe, denen ich eine rational schwer begründbare Bewunderung nicht versagen kann; weil ich möchte, daß denen „die ökonomische Basis" nicht entzogen wird. Ohne die Möglichkeiten des christlichen Glaubens und seine Auswirkungen in unserem Alltag würde unsere Welt ärmer. Glaube ich.

(© Rudolf Walter Leonhardt, Kirchenaustritt)

---

* Conclusio: Schlußfolgerung
** Klerus: katholische Geistlichkeit; Priesterschaft
*** nominell: dem Namen nach; vorgeblich
**** Revision: (lat.) Überprüfung: Nachprüfung
***** Release-Zentrum: (engl.) Einrichtung zur Heilung Rauschgiftsüchtiger

M5

Renate Köcher

Die Entwicklung von Religiosität und Kirchlichkeit seit dem Zweiten Weltkrieg bis heute

„Religiosität und Kirchenbindung sind in den letzten Jahrzehnten dramatisch geschwunden. Wir blicken heute auf eine zwei Jahrzehnte dauernde religiöse Krise zurück – bedrückt, zugleich jedoch nicht ohne Hoffnung: Seit kurzem wächst die Offenheit für religiöse Fragen wieder, das Interesse für Glauben wie für die Kirche." Mit dieser Vorbemerkung markiert Frau Köcher ihre Hauptthesen. – Im folgenden werden Untersuchungen zusammengefaßt, die das Institut für Demoskopie in Allensbach in den vergangenen Jahrzehnten durchgeführt hat. Dabei wird besonders deutlich, daß die Familie nach wie vor ein entscheidender Mittler religiöser Werte ist. – Trotz regionaler Unterschiede dürften die Aussagen auch für andere deutschsprachige Länder Gültigkeit haben. *red*

1. Die starke Abnahme von Kirchenbindung und Religiosität

Der Einbruch 1968–1973

Die Entwicklung der Kirchenbindung in der Bundesrepublik seit dem Zweiten Weltkrieg zeigt einen sehr eigentümlichen Verlauf, der allen Thesen von einer allmählichen wie naturgesetzlichen Säkularisierung der Gesellschaft widerspricht. Wäre die Zunahme des Wissens, die Verwissenschaftlichung des Denkens, die Weltläufigkeit des Menschen und die Entstehung konkurrierender Weltbilder die entscheidende Ursache der religiösen Krise, so müßten wir Zeuge einer kontinuierlichen Entfremdung zwischen dem modernen Menschen und der Religion sein, stetig und unaufhaltsam. Tatsächlich blieben die Kirchenbindung und die Teilnahme am religiösen Leben jedoch lange Zeit, bis Mitte der sechziger Jahre, völlig stabil und brachen dann plötzlich erdrutschartig zusammen. Der plötzliche Verfall begann 1968. 1968 markiert den Beginn, 1973 praktisch schon den Endpunkt dieser Entwicklung. In dieser unglaublich kurzen Spanne, in nur fünf Jahren, gaben rund 40 Prozent der Gottesdienstbesucher den Gottesdienstbesuch auf und nahmen am religiösen Leben nicht mehr teil. Besuchten am Ende der vierziger Jahre noch 51 Prozent der Katholiken regelmäßig den Gottesdienst und Mitte der sechziger Jahre sogar 55 Prozent, waren es 1969 nur noch 48 Prozent und 1973 35 Prozent. Genauso verlief die Entwicklung in der protestantischen Kirche, nur weniger sichtbar, da die Gruppe der Gottesdienstbesucher dort von vornherein kleiner war. Die Gleichförmigkeit der Entwicklung in beiden Kirchen ist besonders interessant, werden dadurch doch einfache Erklärungen verstellt, die die Ursachen für die religiöse Krise im Verhalten einer der beiden Kirchen suchen.

Fortgesetzte Auszehrung der Kirchenbindung bei Jugendlichen

Nach 1973 setzte sich der Auszug aus den Kirchen nur noch langsam fort. Während sich die Lage scheinbar stabilisierte, litten beide Kirchen doch weiter an einer besonders bedenklichen Auszehrung: Die Kirchenbindung der jungen Generation wurde zunehmend schwächer, die Altersstruktur der kirchengebundenen Bevölkerungskreise immer ungünstiger. Kirchenbindung wurde zunehmend zum Merkmal einer Alterskultur, getrennt von einer weitgehend kirchenfernen Jugendkultur. Der Gottesdienst wird in vielen Gemeinden zum Signal der religiösen Krise: die Beteiligung gering, die Zusammensetzung der Teilnehmer völlig überaltert. Unbeabsichtigt wird die Feier so oft zu einer Demonstration, der Botschaft nämlich: Glaube, das ist etwas für Ältere.

Schwächung des Vertrauens in die Kirche

Parallel zum Kirchenbesuch wurde das Vertrauen in die Kirchen schwächer. Die Kirchen galten immer weniger als zeitgemäß, und zunehmend wurde der Anspruch der Kirchen, Normen aufzustellen und sich kommentierend und mahnend in das private wie in das gesellschaftliche Leben einzuschalten, bestritten. Besonders in der jungen Generation billigt nur noch eine kleine Minderheit der Kirche das Recht zu, moralische Normen aufzustellen. Doch wurde keineswegs nur die Haltung zur Institution distanzierter; auch die Glaubensintensität wurde schwächer. Es sank nicht nur der Anteil in der jungen Generation, der sich als gläubiges Mitglied der Kirche und orientiert an den Lehren der Kirche bezeichnete, sondern es wurden auch diejenigen weniger, die ihre Position beschrieben „Ich fühle mich als Christ, aber die Kirche bedeutet mir nicht viel“.

Verlust an religiöser Substanz

Wenn die junge Generation heute weitgehend dem Gottesdienst fernbleibt, signalisiert dies nicht – wie viele glauben möchten – nur Kritik an der Kirche, sondern Verlust an religiöser Substanz. Die Generationen, die noch in den fünfziger und in der ersten Hälfte der sechziger Jahre in den religiösen Überzeugungen und der Praktizierung des Glaubens verbunden waren, lebten sich auseinander. Einige wenige Daten verdeutlichen, wie dramatisch die Generationenkluft im religiösen Bereich ist. 84 Prozent der älteren Generation bekennen sich zum Glauben an Gott, aber gerade noch jeder zweite Unterdreißigjährige. Als religiösen Menschen sehen sich 34 Prozent der jungen Generation, dagegen 74 Prozent der 60jährigen und älteren. Dieser große Abstand zwischen den Generationen ist kein natürliches Phänomen, wie oft vermutet wird. Wenn Religiosität gleichsam „natürlich" im Verlauf des Lebens wichtiger würde, die Auseinandersetzung mit letzten Fragen immer intensiver, je näher das Lebensende rückt, so müßten ältere immer – unabhängig von Zeit und Raum – religiöser sein als jüngere Menschen. Tatsächlich ist die Kluft zwischen den religiösen Anschauungen von Älteren und Jüngeren jedoch heute in einigen europäischen Ländern gering, in anderen dagegen groß; in der Bundesrepublik, wo die Kluft zwischen Älteren und Jüngeren heute ungewöhnlich groß ist, gab es diese Trennung bis Mitte der sechziger Jahre nicht. In den fünfziger Jahren und auch noch bis in die zweite Hälfte der sechziger Jahre hinein waren Ältere und Jüngere in den religiösen Anschauungen verbunden, nicht getrennt.

2. Erklärungsversuche

Nicht Säkularisierung, sondern fehlende Weitergabe religiöser Werte

Unaufhaltsame Säkularisierungstendenzen können dieses Auseinandertreiben der Generationen nicht erklären. Vielmehr haben sich offensichtlich die Voraussetzungen für die Weitergabe von Werten und speziell für die Weitergabe von religiösen Werten in einzelnen Ländern sehr ungünstig entwickelt. Die Weitergabe religiöser Werte ist besonders abhängig von einem Grundvertrauen zwischen den Generationen, von dem Willen zur Überlieferung von Werten und von der überzeugten Demonstration dieser Werte. Das demonstrative Bekennen eigener Überzeugungen und der Wille zur Weitergabe von Wertvorstellungen sind jedoch heute keineswegs mehr selbstverständlich.

Schwinden der Alltagsreligiosität

In einem scheinbar grenzenlos toleranten gesellschaftlichen Umfeld ist merkwürdigerweise zu beobachten, daß religiöse Überzeugungen weniger denn je im privaten Alltag manifest werden, sondern immer mehr zu einem Bestandteil der Intimsphäre, ja geradezu zu einem persönlichen Geheimnis. Die sichtbaren Symbole des Glaubens schwinden aus dem Alltag. Gemeinsame Gebete in der Familie sind selten geworden. Mitte der sechziger Jahre berichteten beispielsweise noch 29 Prozent der Bevölkerung von regelmäßigen gemeinsamen Tischgebeten, weitere 17 Prozent beteten bei Tisch zumindest gelegentlich; am Beginn der achtziger Jahre sprachen nur noch 11 Prozent der Bevölkerung öfter, 14 Prozent gelegentlich Tischgebete. Mehr und mehr wurden die sichtbaren Demonstrationen des eigenen Glaubens zurückgenommen, der Glaube wird allmählich unsichtbar. Den Kollegen, Nachbarn, sogar der eigenen Familie sind die Glaubensüberzeugungen des einzelnen oft nur vage bekannt oder völlig unbekannt. Das demonstrative Bekennen ist selten, jeglicher missionarische Zug dem Selbstverständnis des modernen Christen fremd.

Folge einer pluralen Gesellschaft?

Die Erklärung, daß diese Zurückhaltung die zwangsläufige Folge einer pluralen Gesellschaft ist, in der Glaubens- und Weltanschauungsfragen zur Privatsache werden und alle Versuche, andere von den eigenen Anschauungen zu überzeugen, als Verletzung der Toleranznorm bewertet werden, kann nicht befriedigen. Zwar relativiert der Pluralismus der Anschauungen zwangsläufig ein Glaubenssystem, wenn es als eine von verschiedenen möglichen, beliebig wählbaren und gleichwertigen Optionen gesehen wird; dies ist eine Form des Pluralismus, in dem im Grunde der Pluralismus selbst zum höchsten Wert wird und damit eine Bewertung der verschiedenen Optionen als höherwertig oder inferior als anstößig gilt; die andere Form des Pluralismus ist die *Tolerierung* verschiedener Anschauungen, während gleichzeitig ein Anschauungssystem eindeutig zum Leitbild, als sozial erwünscht erklärt wird. Formal wird heute ein Pluralismus der zweiten Art praktiziert, real jedoch weitgehend ein Pluralismus, der auf eine klare Rangfolge von Werten und Glaubensinhalten verzichtet beziehungsweise eine solche Rangfolge verurteilt. Wenn es als Zeichen von Intoleranz gilt, den christlichen Glauben höher zu bewerten als den überzeugten Atheismus, sinkt natürlich auch die Neigung, sich zu exponieren oder gar missionarisch tätig zu werden.

Andererseits gibt es auch in der heutigen pluralen Gesellschaft durchaus Gruppen, die versuchen, andere von ihren Anschauungen zu überzeugen. Ständig sind mit den Instrumenten der empirischen Sozialforschung Überzeugungsversuche und auch -erfolge zu beobachten. Daher ist es keineswegs selbstverständlich, daß von engagierten Christen kaum noch Überzeugungsversuche ausgehen.

Der Verfall der religiösen Motivation und Praxis …
Ein Grund für die Bekenntnisscheu liegt zweifelsohne in dem rapiden Verfall der religiösen Motivation und Praxis nach 1968. Sozialpsychologische Untersuchungen belegen, wie sensibel Menschen registrieren, ob sie mit wesentlichen Überzeugungen einer Mehrheit oder Minderheit angehören und vor allem: ob der Kreis, der ihre Anschauungen teilt, wächst oder kleiner wird. Personen, die den Eindruck haben, daß der Kreis der Gleichgesinnten immer enger wird und daß sie zu einer schwächer werdenden Minderheit gehören, sprechen weniger über ihre Überzeugungen, verstummen allmählich in bezug auf das, was ihnen wichtig ist. Oft erscheint dadurch der Kreis wesentlich schwächer, als er tatsächlich ist. Zugleich schrumpft der Kreis weiter durch den mangelnden Bekenntnismut und die Zaghaftigkeit, die von ihm ausgeht*.

… als Prozeß der „Schweigespirale“
Dieser sozialpsychologische Prozeß der „Schweigespirale“ prägt heute auch die religiöse Kultur, oft ohne daß dies den engagierten Christen selbst noch bewußt wird – so selbstverständlich ist das Ausklammern der eigenen religiösen Überzeugungen in Gesprächen mit Kollegen, Bekannten und teilweise auch Familienmitgliedern geworden. Die sich nach 1968 rasch leerenden Kirchen, vor allem auch der Auszug der jungen Generation aus den Kirchen haben auch auf die, die blieben, ihre Wirkung gehabt. Der Eindruck, einem immer kleiner werdenden Kreis anzugehören, einer schwindenden Minderheit, konnte nicht ausbleiben. Immer weniger konnte man bei anderen Übereinstimmung mit den eigenen religiösen Überzeugungen, besonders nicht in ihrer Intensität, voraussetzen. Also schwiegen viele, sogar in den Familien, klammerten religiöse Fragen und Überzeugungen aus den Gesprächen aus.

---

* Dieser Prozeß der „Schweigespirale“ ist von Elisabeth Noelle-Neumann entdeckt und in ihrem Buch beschrieben worden: Die Schweigespirale. Öffentliche Meinung – unsere soziale Haut, München 1980.

Der hohe Einfluß der Medien auf die Weltbilder

Bislang ungeklärt ist die Rolle der Medien bei dieser Entwicklung. Der Einfluß der Medien auf die Weltbilder kann gar nicht hoch genug eingeschätzt werden. Wie nie zuvor beziehen wir unsere Vorstellungen von der Welt, in der wir leben, vor allem auch davon, was in dieser modernen Welt zählt und was nicht, aus den Medien – nicht nur aus dem Informationsteil, sondern vor allem aus dem Unterhaltungsteil, den Spielfilmen, Serien und Unterhaltungssendungen, aus unterhaltenden Illustrierten und Romanen. Die Medien berichten durchaus sehr ausführlich über die Kirchen und das kirchliche Leben; aber vermitteln sie auch eine Vorstellung von religiösen Inhalten und dem religiösen Menschen? Die Medien berichten vor allem über die Institution; die Selektionsmechanismen der Medien begünstigen Ereignisse, Prominenz, Kontroversen und farbige Randgruppen; der religiöse Mensch mit seinen Zweifeln, Hoffnungen und Überzeugungen, die wesentlichen Glaubenssätze der christlichen Religion, die Botschaft, kommen in den Medien zu kurz. Damit tragen die Medien heute zu dem Gefühl bei, Mitglied einer kleinen Minderheit zu sein.

Individualisierung der Lebensziele und -stile . . .

Große Probleme schafft auch die zunehmende Individualisierung der Lebensziele und -stile, auf die von den meisten Gemeinden bisher keine Antwort und erfolgversprechende Strategie gefunden wurde. Daß beispielsweise die Sonderstellung des Sonntags immer mehr verfällt, liegt nicht allein an der Schwächung der religiösen Kultur, sondern auch an der wachsenden Bedeutung, die individueller Entscheidungs- und Gestaltungsfreiheit beigemessen wird. Feste Regeln, Normen und Strukturen, die den einzelnen einschränken, jederzeit das zu tun, was er gerne tun möchte, werden mehr und mehr abgebaut. Das Sonntagsgebot liegt damit heute weitaus stärker als früher im Konflikt mit dem Anspruch des einzelnen, seinen Tagesablauf und seine Lebensgewohnheiten nach eigenen Vorstellungen zu gestalten.

... und Formlosigkeit des gesellschaftlichen Lebens

Je mehr feste Regeln und Normen abgebaut werden, je weiter individuelle Gestaltungsfreiheit ausgedehnt wird, desto vielfältiger und zugleich formloser wird das gesellschaftliche Leben. Die Vielfalt der heutigen Lebensstile ist eine Folge, die Verflachung des öffentlichen Lebens, die verbreitete Unfähigkeit, Feste zu feiern, gemeinsam Höhepunkte des Jahres vorzubereiten und zu zelebrieren, eine andere. In diesem gesellschaftlichen Umfeld ist es weitaus schwieriger, Rituale zu pflegen und Zeitreservate für die Auseinandersetzung mit dem Glauben und für die Selbstprüfung zu erhalten. Der Ausweg in eine ebenfalls völlig individualisierte Religion, bei der Glaubensinhalte und Glaubenspraxis zum Ergebnis einer beliebigen Auswahl werden, ist keine ernstzunehmende Alternative. Zu deutlich ist der Zusammenhang zwischen Glaubenssicherheit und der Verankerung in einer Glaubensgemeinschaft, zu offensichtlich die religiöse Gleichgültigkeit oder Verunsicherung derjenigen, die sich völlig von der religiösen Gemeinschaft abgekoppelt haben. Von Personen mit enger Bindung an die Kirche sind sechs Prozent glaubensunsicher, von Personen ohne jede Bindung an die Institution dagegen zwei Drittel unsicher oder überzeugt atheistisch gesinnt.

3. Die religiöse Erziehung in den Familien

Ausklammerung des weltanschaulichen Bereichs ...
Die Individualisierung der Lebensinhalte und die Privatisierung weltanschaulicher Überzeugungen beeinflussen auch die religiöse Erziehung in der Familie auf eine sehr problematische Weise. Die Sicherheit, daß die eigenen Wertvorstellungen und Überzeugungen wertvoll sind und daher der nächsten Generation vermittelt werden sollten, ist heute bei vielen Eltern nicht mehr gegeben, besonders nicht bei deutschen Eltern. Untersuchungen zeigen, daß viele Familien weltanschauliche Themen aus dem Gespräch und aus der Erziehung ausgrenzen. Es gibt viele Bereiche, in denen deutsche Eltern ihre Kinder beeinflussen möchten, im Benehmen beispielsweise, generell in ihrem Sozialverhalten, auch in der Einstellung zu Arbeit und Schule. Fünf Bereiche grenzt jedoch die überwältigende Mehrheit der Eltern von vornherein aus ihren Erziehungsbemühungen aus: Vorbilder, Lektüre, die Fernsehsendungen, die gesehen werden, politische Anschauungen und religiöse Überzeugungen – der gesamte weltanschauliche Bereich. Die Mehrheit der Eltern möchte hier ihre Kinder nicht beeinflussen, sondern wünscht, die Kinder sollten sich „frei entwickeln".

... als Verhinderung der Wahlfreiheit
Offensichtlich hat sich hier unter den Eltern teilweise das Mißverständnis ausgebreitet, durch Abstinenz in weltanschaulichen Fragen Wahlfreiheit zu ermöglichen. Wie irrig diese Vorstellung ist, zeigt gerade die Abhängigkeit der Glaubenssicherheit von einem religiösen Elternhaus. Die Jugendlichen, die heute im Glauben verankert sind, stammen mit überwältigender Mehr-

heit aus sehr religiösen Elternhäusern. Eltern, die auf eine engagierte religiöse Erziehung verzichten, um ihren Kindern die Wahl zwischen einem religiösen und einem areligiösen Leben zu eröffnen, verhindern Wahlfreiheit, statt sie zu ermöglichen.

Wer gläubige Kinder will, muß selbst dazu seinen Beitrag leisten!
Nur noch eine Minderheit der Kinder und Jugendlichen wächst heute in einem Elternhaus auf, in dem religiöse Überzeugungen sichtbar und vorgelebt werden und religiöse Inhalte in der Erziehung eine große Rolle spielen. Zwar wünscht auch heute die Mehrheit der Eltern, daß ihre Kinder zum Glauben finden. Der ungemein wichtige Beitrag der Elternhäuser selbst ist jedoch unbefriedigend. Die Mehrheit der Eltern wünscht, daß ihre Kinder glauben; religiöse Gespräche, Gebete mit den Kindern oder der gemeinsame Besuch von Gottesdiensten scheinen jedoch nur einer Minderheit wichtig. Es ist erstaunlich und zugleich eine außerordentlich große Hoffnung, daß für die meisten Kinder dieser säkularen Gesellschaft der Glaube an Gott ein fester Bestandteil ihrer Überzeugungen ist. Die überwältigende Mehrheit der Unterzwölfjährigen glaubt an Gott; erst bei den Jugendlichen kommt die Verunsicherung und wird in der Regel auch nicht überwunden, wenn die Verankerung in einem religiösen Umfeld fehlte. Eine nachhaltige Erholung der religiösen Kultur ist äußerst unwahrscheinlich, wenn die Elternhäuser nicht verstärkt für die Aufgabe der religiösen Erziehung zurückgewonnen werden können.

4. Anzeichen der Hoffnung

Wachsendes Interesse an Religion, kirchlichen Stellungnahmen, religiösen Büchern
Die Chancen für eine Belebung des Religiösen in der Gesellschaft scheinen zunächst ungünstig. Doch gibt es durchaus Anzeichen, die hoffen lassen. Seit 1980 ist der fast eineinhalb Jahrzehnte andauernde Niedergang des religiösen Interesses beendet. In den letzten Jahren konnte sogar ein wachsendes Interesse an Religion und auch an den Stellungnahmen der Kirchen festgestellt werden. Das religiöse Buch findet eine Beachtung, die in eigentümlichem Kontrast zu der Teilnahme am religiösen Leben vieler Gemeinden steht, und signalisiert Verunsicherung und Suche. In den letzten zwei, drei Jahren hat das Erziehungsziel, Kinder zum Glauben zu führen, wieder an Unterstützung gewonnen; ebenso ist der Anteil der Bevölkerung,

der seinen Lebenssinn auch über religiöse Inhalte definiert, wieder angestiegen. Auch werden die Stellungnahmen der Kirchen wieder aufmerksamer registriert. Der Kern der religiös sehr motivierten Menschen wächst zur Zeit wieder, während es zugleich an den Rändern, bei den religiös nur noch wenig oder nicht mehr motivierten, bröckelt. Neues Leben in vielen Gemeinden steht anhaltenden Kirchenaustritten auf der anderen Seite gegenüber. Nach wie vor gilt der Kirchenaustritt als sozial nicht erwünscht, viele von denen, die aus der Kirche ausgetreten sind, wagen nicht, sich dazu zu bekennen. Religion und Kirche sind keineswegs von einem ablehnenden gesellschaftlichen Klima umgeben, im Gegenteil: Der religiöse Mensch wird weitaus positiver gesehen als der überzeugte Atheist. Die Chancen, den Prozeß der Schwächung und des Verstummens zu durchbrechen, sind daher keineswegs aussichtslos. Sie setzen allerdings Mut zum Bekenntnis und ein Verlassen der Wagenburg voraus.

(In: Diakonia, Heft 1 / 1988, S. 35–39, Grünewald/Herder)

M6

Berthold Brecht

Die Frage, ob es einen Gott gibt.

Einer fragte Herrn K., ob es einen Gott gäbe. Herr K. sagte: „Ich rate dir, nachzudenken, ob dein Verhalten je nach Art der Antwort sich ändern würde. Würde es sich nicht ändern, dann können wir die Frage fallenlassen. Würde es sich ändern, dann kann ich dir wenigstens noch so weit behilflich sein, daß ich dir sage, du hast dich schon entschieden: Du brauchst einen Gott."

(In: Berthold Brecht, Werke, Bd. 2, Suhrkamp Verlag, Frankfurt/M. 1967)

M7

Henry-Frédéric Amiel

Genf, 31. März 1873 (vier Uhr nachmittags) –
Seit einer Stunde bin ich in einer Unruhe, die sich mit Worten nicht beschreiben läßt. Daran erkenne ich meinen alten Feind. Es ist die Sehnsucht nach dem Unbekannten, das namenlose Fieber, der Durst nach Glück, das Wühlen in der alten Asche ... Eine Leere und eine Angst, etwas fehlt mir: was? Die Liebe, der Friede, Gott vielleicht. Ja, es ist eine Leere und keine Hoffnung, es ist auch Angst, denn weder das Übel noch das Heilmittel sind klar erkennbar. Es ist der Durst nach Zärtlichkeit, das Bedürfnis nach Liebkosungen, nach Sympathie, nach einem Leben zu zweien, nach dem Reisen auch, nach dem, was die Augen freut.

Wenn das Wetter schön ist, wird mir keine Zeit des Tages so gefährlich wie der Nachmittag, gegen drei Uhr. Niemals sonst empfinde ich so stark ‚die furchtbare Leere des Daseins', die innere Angst und das schmerzliche Glücksverlangen. Diese Qual des Lichts ist eine seltsame Erscheinung. Wie die Sonne mitleidlos die Flecken eines Kleides, die Runzeln eines Gesichtes, das graugewordene Haar erkennen läßt, bescheint sie mit dem gleichen unerbittlichen Licht auch die Wunden und Narben des Herzens. Schämen wir uns vor ihr unseres Wesens? Jedenfalls kann die hellste Stunde mit Traurigkeit überfluten, Todesvorstellungen wecken, zum Selbstmord treiben, zur Vernichtung oder zur Selbstvergessenheit in der Wollust. Es ist die Stunde, wo den einzelnen Furcht vor sich selbst überkommt, wo er seinem Elend und seiner Einsamkeit entfliehen möchte.

Man spricht von den Versuchungen der finsteren Stunde des Verbrechens: und die stummen Verzweiflungen der strahlenden Tagesstunde? In der einen wie in der anderen ist Gott verschwunden; im Dunkeln aber leitet den Menschen sein suchender Blick, folgt er dem Ruf seiner Leidenschaft; in der bleibenden Helle ist er wie außer sich und fühlt sich von allem verlassen.

(Henri-Frédéric Amiel, Tagebücher)

M8

Jean-Paul Sartre

Mißglückte Berufung

Ich erzähle hier die Geschichte einer mißglückten Berufung. Ich brauchte Gott, man gab ihn mir, ich empfing ihn, ohne zu begreifen, daß ich ihn suchte. Da er in meinem Herzen keine Wurzeln schlug, vegetierte er einige Zeit in mir und starb dann. Spricht man mir heute von ihm, so sage ich amüsiert und ohne Bedauern wie ein altgewordener Frauenjäger, der eine ehemals schöne Frau trifft: „Vor fünfzig Jahren hätte ohne das Mißverständnis, ohne jenen Irrtum, ohne den Zufall, der uns auseinanderbrachte, etwas zwischen uns sein können." Es war nichts zwischen uns …

Als ich sieben Jahre alt war, begegnete ich dem wirklichen Tod, dem mit dem Totenschädel. Was war er mir? Eine Person und eine Bedrohung. Die Person war verrückt, und mit Bedrohung verhielt es sich folgendermaßen: überall konnten sich am hellichten Tag schattige Mäuler öffnen, bei strahlendem Sonnenschein, und nach mir schnappen. Es gab eine schauerliche Kehrseite der Dinge, man sah sie, wenn man den Verstand verlor, und sterben bedeutete, daß man den Wahnsinn bis zum Äußersten trieb und darin unterging. Ich lebte im Entsetzen, es war eine authentische Neurose. Suche ich nach der Ursache, so drängt sich dieser Gedanke auf: mir, dem verzogenen Kind, dem Geschenk der Vorsehung, war meine tiefe Nutzlosigkeit um so offensichtlicher, als ich das Familienritual beständig als gußeiserne Notwendigkeit vor Augen hatte. Ich fühlte mich überzählig, also galt es zu verschwinden. Ich war eine fade Körperlichkeit, die sich beständig im Zustand des Vergehens befand. Anders ausgedrückt: ich war verurteilt …

Gott hätte mich aus der Klemme gezogen; ich wäre ein signiertes Meisterwerk geworden; in der Gewißheit, meinen Part im Weltkonzert zu spielen, hätte ich geduldig gewartet, daß Er mir seine Absichten und meine Notwendigkeit enthüllte. Ich ahnte die Religion voraus, ich erhoffte sie, da sie die Rettung war. Hätte man sie mir verweigert, ich hätte sie selbst erfunden.

Man verweigerte sie mir nicht: im katholischen Glauben erzogen, erfuhr ich, der Allmächtige habe mich zu seinem Ruhm erschaffen. Das war mehr, als ich zu träumen gewagt hatte. In der Folge aber erkannte ich in dem gesellschaftsfähigen Gott, den man mir beibrachte, nicht denjenigen, den

meine Seele erwartete. Ich brauchte einen Weltschöpfer, man gab mir einen Obersten Chef; die beiden bildeten eine Einheit, aber das wußte ich nicht; lustlos diente ich dem pharisäischen Idol, und die offizielle Lehre nahm mir die Lust, meinen eigenen Glauben zu suchen …
Jean-Paul Sartre

(Jean-Paul Sartre, Die Wörter, deutsch: Hans Mayer,

M9

Kadidja Wedekind

Parabel vom modernen Menschen

Ein moderner Mensch verirrte sich in einer Wüste. Tage- und nächtelang irrte er umher. Wie lange braucht man, um zu verhungern und zu verdursten? Das überlegte er sich beständig. Er wußte, daß man länger ohne Nahrung leben kann, als ohne etwas zu trinken. Die unbarmherzige Sonnenglut hatte ihn ausgedörrt. Er fieberte. Wenn er erschöpft ein paar Stunden schlief, träumte er von Wasser, von Orangen und Datteln. Dann erwachte er zu schlimmerer Qual und taumelte weiter.

Da sah er in einiger Entfernung eine Oase. Aha, eine Fata Morgana, dachte er. Eine Luftspiegelung, die mich narrt und zur Verzweiflung treiben wird, denn in Wirklichkeit ist gar nichts da. Er näherte sich der Oase, aber sie verschwand nicht. Sie wurde im Gegenteil immer deutlicher. Er sah die Dattelpalmen, das Gras und die Felsen, zwischen denen ein Quell entsprang. Es kann natürlich auch eine Hungerphantasie sein, die mir mein halb wahnsinniges Hirn vorgaukelt, dachte er. Solche Phantasien hat man ja in meinem Zustand. Natürlich – jetzt höre ich sogar das Wasser sprudeln. Eine Gehörhalluzination.

Wie grausam die Natur ist! –

Mit diesem Gedanken brach er zusammen. Er starb mit einem lautlosen Fluch auf die unerbittliche Bösartigkeit des Lebens.

Eine Stunde später fanden ihn zwei Beduinen. „Kannst du so etwas verstehen?“ sagte der eine Beduine zum anderen. „Die Datteln wachsen ihm ja beinahe in den Mund – er hätte nur die Hand auszustrecken brauchen. Und dicht neben der Quelle liegt er, mitten in der schönen Oase – verhungert und verdurstet. Wie ist das nur möglich?"

„Es war ein moderner Mensch", antwortete der andere Beduine. „Er hat nicht daran geglaubt."

M10

Günther Weber

Gottesbilder zur Überprüfung

Der alte Opa:
Der harmlose alte Mann mit dem weißen Haar und dem langen Bart, der den Anschluß an die moderne Zeit verpaßt hat, nur altmodische Ansichten von gestern vertritt und uns deshalb kaum noch etwas zu sagen hat.

Der „Ach-das-ist-nicht-so-schlimm"-Gott:
Der Gott, der alles versteht, der alles verzeiht, der nichts krumm nimmt und all unser Versagen milde lächelnd mit dem Mantel der Nachsichtigkeit zudeckt. Das ist ein Gott, der keinen besonderen Anspruch an uns stellt. Er ist sehr beliebt, weil er sehr bequem ist.

Der Höchstes-Wesen-Gott:
Das ist der Gott, den es geben muß als Ergebnis unseres Denkens, der aber keine Beziehung zu uns hat, den man nicht anrufen kann und von dem man auch keine Hilfe erwarten kann.

Der Aufpasser- und Kontrolleur-Gott:
Der Gott, der uns ständig beobachtet, ob wir etwas falsch machen, und der sich sogar noch freut, wenn er uns bei einem Fehler erwischen kann.

Der Klempner-Gott:
Man ruft ihn, wenn etwas nicht funktioniert. Dann hat er eiligst zu kommen und zu helfen. Sonst aber läßt man ihn in Ruhe.

Der Ordnungs- und Leistungs-Gott:
Das ist der Gott der Erfolgreichen, der Tüchtigen, der Ordentlichen. Für Ge-

scheiterte und für Versager, für Kranke und für Schwache hat er nicht allzuviel übrig. Er ist der Schutzgott der bestehenden Ordnung. Und wer an dieser Ordnung etwas ändern will, der hat keinen Respekt vor dem Willen Gottes.

Der Versicherungs-Gott:
Das ist der Gott, bei dem wir uns durch entsprechende Kulthandlungen gegen (fast) alle nur möglichen Gefährdungen unseres Lebens versichern. Wenn wir ihm bestimmte Leistungen erbringen, wird er uns als Gegenleistung auch die notwendigen Sicherheiten geben.

Der Obristen-Gott:
Auf diesen Gott berufen sich vor allem die Mächtigen, die etwas zu sagen haben. Wenn sie über andere herrschen, tun sie es „von Gottes Gnaden". Gott steht hinter ihnen und stützt ihre Macht. Wer ihnen widerspricht, widerspricht Gott. – Dieser Gott ist auch bereit, gelegentlich Waffen zu segnen. Bei manchen Regierungschefs und Generälen ist er sehr beliebt.

Der Menschlichkeits-Gott:
Dieser Gott ist zur Zeit der modernste und gefragteste Gott. Er „ereignet sich im Mitmenschen". Er ist zuständig für Gastarbeiter und Obdachlose, für Unterdrückte und für die „dritte Welt". Dieser Gott ist zusammengeschrumpft auf die „Beziehung zum Mitmenschen".

Der Bestrafer-Gott:
„Er wird es denen schon heimzahlen!" – „Siehst du, das war die Strafe von Gott dafür, daß du ..." – „Wenn du nicht lieb bist, dann wird der liebe Gott ..."

Der Belohner-Gott:
„Wenn du schön brav bist und immer gerecht und anständig lebst, dann wird es dir auch nie schlecht ergehen im Leben. Gott wird dich belohnen."
Oder umgekehrt: „Was habe ich nur getan, daß es mir so schlecht gehen kann? Ich war doch immer anständig!"

Der Weihrauch-Gott:
Er kommt besonders gern zu Gast bei Hochzeiten, bei Kindstaufen und bei Beerdigungen. Man sieht ihn dann wirklich gern, auch wenn man sonst kei-

nen besonderen Verkehr mit ihm pflegt. – Wenn er kommt, wird es immer so schön feierlich. Gelegentlich tritt er auch als Trachtenvereins-Gott auf.

(In: Günther Weber, Die Zehn Gebote, Herder Verlag, Freiburg 1982)

M11

Norbert Scholl

Buchhaltergott

Tag des Zornes, Tag der Zähren
wird die Welt in Asche kehren,
wie Sybill' und David lehren.
...
Und ein Buch wird aufgeschlagen,
treu darin ist eingetragen
jede Schuld aus Erdentagen.

Sitzt der Richter dann zu richten,
wird sich das Verborg'ne lichten;
nichts kann vor der Strafe flüchten.

Weh! Was werd' ich Armer sagen,
welchen Anwalt mir erfragen,
wenn Gerechte selbst verzagen!

So lautet der Anfang des berühmten „Dies irae", dessen Text aus dem Mittelalter stammt, dessen Aussagen aber bis in die vorchristliche Zeit zurückgreifen (vgl. Daniel 7,10; 12,1). Gott als der große Buchhalter, der ein Konto über unser Leben führt und Soll und Haben streng überwacht. Nichts entgeht ihm. Alles zeichnet er auf.

Dieser Gott ist kein persönlicher Gott, sondern ein mieser Paragraphenreiter. Er offenbart uns nicht seine Liebe, sondern legt uns seine Buchführung offen. Er ruft uns nicht beim Namen und nimmt uns nicht bei der Hand, sondern liest uns nur mit eisiger Miene den Kontostand vor.

Auch heute gibt es noch Menschen, die mit diesem Gottesbild leben. In Angst und Zittern vor der großen Kontoaufdeckung am Ende. In Furcht vor der Bloßlegung ihrer Saldensumme. Ein solches Gottesbild kann nur abstoßen. Behörden liebt man nicht, man respektiert sie allenfalls. Für Aktenordner setzt man nicht sein Leben aufs Spiel, sondern versucht eher, sich vor ihnen in Sicherheit zu bringen und sich möglichst weit von ihnen zu entfernen. Aktenstaub schluckt man nicht gern, sondern flüchtet ins Freie, um nicht zu ersticken.

Lassen wir diesen Buchhaltergott ruhig in seinem Aktenstaub ersticken. Er hat sowieso nie wirklich existiert. Er ist das Produkt menschlicher Angst, das Instrument machthungriger Menschen, die andere durch diese Angst unterwerfen wollen. Dieser Buchhaltergott ist nicht der Gott der jüdisch-christlichen Überlieferung.

Norbert Scholl

Der Störenfried

Gott kann uns auf die Nerven gehen. Haben wir nicht schon manchmal laut oder leise, heimlich oder offen gewünscht, diesen lästigen Störenfried unseres Lebens loszuwerden? Haben wir nicht schon versucht, ihn mit den Ellenbogen wegzustoßen und an den Rand unseres Spielfeldes zu drücken, damit er nicht fortwährend unsere Wege kreuzt und unser ausgeklügeltes Spiel verdirbt?

Wir haben uns schön eingerichtet. Es geht uns gut. Wir fühlen uns wohl. Wir leben in Ruhe und Sicherheit. Wenn er wenigstens so wäre, wie wir ihn uns vorstellen, wie wir ihn uns wünschen! Aber er ist anders. Ganz anders.

Was will er eigentlich von uns? Wir haben ihn doch gar nicht gerufen. Wir brauchen ihn nicht.

Er stört uns nur.

Doch da ist er wieder. Da steht er wieder vor uns und schaut uns still an. Plötzlich und unerwartet. Von einer ganz anderen Seite diesmal. Wir können ihn nicht verdrängen. Er kommt immer wieder.

Er läßt nicht von uns ab.

Was ist doch der Mensch, daß du ihn groß achtest
und daß du dich um ihn bekümmerst?
Daß du ihn heimsuchst jeden Morgen
und jeden Augenblick ihn prüfst?

Wann endlich blickst du weg von mir
und läßt mir Ruhe
einen Augenblick nur?
Habe ich gesündigt, was schadet es dir,
du Menschenhüter?
Warum hast du mich dir zur Zielscheibe gemacht?
Warum bin ich dir zur Last geworden?
Ijob 7,17–20

M12

Norbert Scholl

Götter unserer Zeit

Frankfurt oder Genf oder Paris werden während der jährlichen Automobilausstellungen zu Wallfahrsorten. Von weither strömen die Pilger zusammen zu den großen Autokathedralen. Auf den Altären stehen chromblitzend die neuesten Modelle – Symbole der angebeteten Gottheit Technik und Fortschritt. Die Ausstellungskataloge werden zu Bibeln und Gebetbüchern, und die Verkäufer verkünden mit großer Beredsamkeit die Wundertaten ihres Gottes. Die Wallfahrer stehen in ehrfürchtiger Bewunderung oder in ekstatischer Verzückung und murmeln andächtig die technischen Daten des Wunderwerks, wie sie im Katalog aufgezeichnet sind.

Warum beten heute so viele gerade das Auto oder das Flugzeug oder die Raumkapsel an? Vielleicht hängt es damit zusammen, daß uns diese Glanzleistungen menschlicher Erfinderkraft in nie geahnter Weise beweglich machen, daß sie es uns ermöglichen, in ganz neue Dimensionen der Welt vorzustoßen, ja daß sie uns – wenigstens anfanghaft – den Weg ins Universum eröffnen. Sie führen uns hinaus aus der Enge unseres Lebens. Sie bringen uns jenseits der Grenzen, die wir, nur auf uns selbst angewiesen, nicht zu überschreiten vermögen. Sie vermitteln uns das Gefühl der Unendlichkeit, der Grenzenlosigkeit.

Die verbreitete Anbetung von Auto, Flugzeug oder Raumkapsel ist Ausdruck unserer Sehnsucht nach einer Welt jenseits der Horizonte unserer Erfahrung, nach einer Dimension, die das Endliche ins Unendliche überschreitet. Ist vielleicht der Adressat dieser Anbetung letztlich gar nicht das Auto oder das Flugzeug oder die Raumkapsel, sondern Gott?

Als aber das Volk sah, daß Mose so lange nicht vom Berge herabkam, sammelte es sich um Aaron und sprach zu ihm: Auf, mache uns einen Gott, der vor uns herziehe; denn wir wissen nicht, was dem da zugestoßen ist, dem Mose, dem Mann, der uns aus dem Lande Ägypten herausgeführt hat. Aaron sprach zu ihnen: Reißt die goldenen Ringe ab, die eure Frauen, eure Söhne und Töchter an den Ohren tragen, und bringt sie zu mir her. Da rissen sich alle Leute die goldenen Ringe ab, die sie an den Ohren trugen, und brachten sie zu Aaron. Und er nahm das Gold aus ihrer Hand, goß es in eine Tonform und machte daraus ein gegossenes Kalb. Da sprachen sie: Das ist dein Gott, Israel, der dich aus dem Lande Ägypten herausgeführt hat. Als Aaron das sah, baute er einen Altar vor demselben und ließ ausrufen: Morgen ist ein Fest für den Herrn. Und am anderen Morgen in der Frühe opferten sie Brandopfer und brachten Heilsopfer dar; danach setzte sich das Volk nieder, zu essen und zu trinken, und dann erhoben sie sich, um sich zu belustigen.
2. Buch Mose 32,1–6

Einst, als ihr Gott noch nicht kanntet, wart ihr Sklaven der Götter, die in Wirklichkeit keine sind. Wie aber könnt ihr jetzt, da ihr Gott erkannt habt, vielmehr von Gott erkannt worden seid, wieder zu den schwachen und armseligen Elementarmächten zurückkehren? Warum wollt ihr von neuem ihre Sklaven werden?
Galater-Brief 4,8–9

M13

Lieber Gott!
Lissi meine Katze ist
überfahren worden! Wenn Du
das zugelassen hast,
mußt Du mir auch sagen
warum!
Katharina

LIEBER GOTT,
BEI UNS IN DER SCHULE IST JETZT
JONA UND DER WALFISCH DRAN.
WIE ER IHN MIT HAUT UND HAA-
REN VERSCHLUCKT. DAS IST DIE
BESTE GESCHICHTE, DIE JCH JE
GEHÖRT HABE. DA PASSIERT WAS,
MAN KRIEGT RICHTIG ANGST.
VATI SAGT ABER, DA WIRD GANZ
SCHÖN GEFLUNKERT. GLAUBST
DU, DAß DAS NUR EIN WITZ
JST?
DEINE
ELISABETH

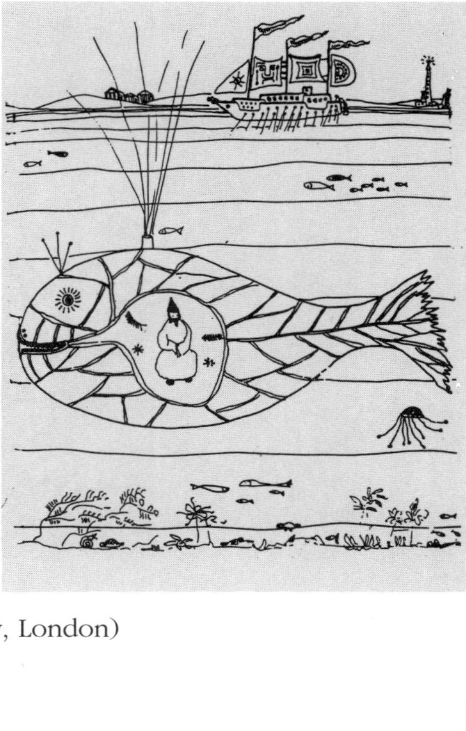

M14

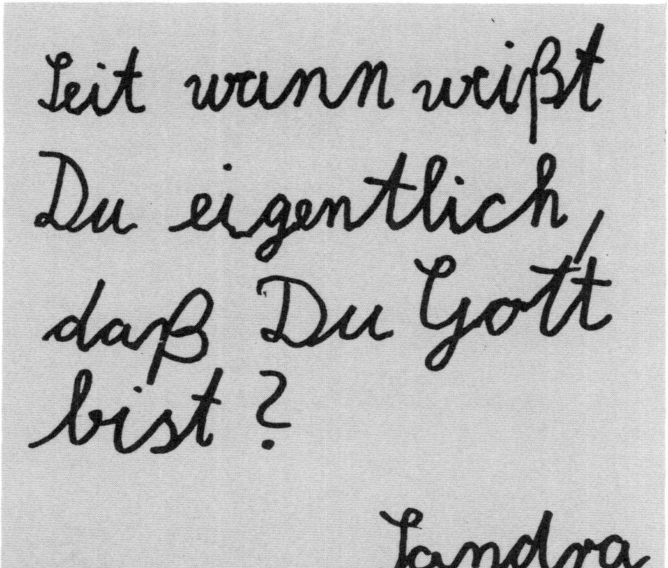

M15

Lieber Gott,
mein Vater versteht
nichts von Feueranmachen,
er bringt 's einfach nicht
fertig. Könntest Du nicht
einen brennenden Dorn-
busch in unseren Garten
setzen?

Dietmar

Warum kommt der Name
von Frau Gott in der Bibel
nicht vor? Warst du nicht
mit ihr verheiratet,
als Du Dein Buch schriebst?
Uwe

M16

Wann wurde Gott ge-
boren, und ist er jetzt tot,
und wenn nicht, wann
stirbt er? Gibt es einen
Ort, der Himmel heißt?
Können wir hinein-
kommen und wie?
Hat Gott eine Frau und
eine Tochter? Wenn ja,
wo wohnen sie? Im
Himmel oder auf der
Erde? Ist Gott ein
Zauberer? Kann er
Menschen in Stein
verwandeln? Und
endlich, gibt es wirk-
lich einen Gott? Wenn
es mir nur jemand
sagen könnte!

Petra

Ich stelle mir Gott vor:
daß es ihn gibt und
nicht gibt. Man kann
sagen halb und halb.

Christian

(„Ich stelle mir Gott vor ..., aus: Eltern, 10/1971)

M17

Lieber Mister Gott!

Ich hab Fynn gefragt, warum das Reh sein schönes Aussehen verlieren muß, bevor es in den Himmel kommt. Ich möcht nicht so gern totgehen und auseinanderfallen und riechen und nachher Staub sein und mich vom Wind in den Himmel pusten lassen. Fynn hat gesagt, von irgendwas müssen die Würmer und Mistkäfer auch leben. Und dafür sind die toten Viecher da. Mister Gott nimmt dich auch dann noch, wenn mal ein Käfer an dir geknabbert hat. Für den Himmel brauchst du nicht aussehen. Mister Gott sieht ja auch nicht aus. Sonst würde er uns mit sein Aussehen nämlich alle erdrücken. Hat Fynn gesagt. Ich glaub das auch. Die Erwachsenen wollen immer, daß Du aussiehst wie ein alter Mann mit Bart und Runzeln und so. Die wollen nicht, daß Du auch wie ein kleines Mädchen oder ein Reh aussehen kannst. Aber Mister Gott, Dir ist doch egal, was die Leute über Dich sagen, oder? Du siehst eben mal so und mal so aus. Toll, wenn man sich das so aussuchen kann. Aber deshalb bist Du ja Mister Gott. Ich stell mir vor, das ist wie mit der Holzkiste, wo Fynn seine Eisenbahn drin ist, die ist doch auch mal ein Bahnhof und mal ein Tunnel und mal ein Auto oder ein Schiff, wie's mir gerade paßt. Und so wie mit der Kiste is das bei Dir auch, Mister Gott. Mal bist Du dies und mal bist Du das. Du bist eben alles zusammen und alles auf einmal. Und wenn Dich jemand grün sieht, dann bist Du eben grün, aber für jemand anders biste vielleicht rot. Und beides bist Du. Oder Du bist groß und auch klein, oder dick und wieder auch dünn. Das ist wie mit den Schneeflocken. Jede ist gleich und doch ein bißchen verschieden, und alle zusammen sind eben Schnee. Und so ist es auch mit Dir, meine ich. Man kann einfach nicht sagen, Du siehst so aus oder so, weil Du eben gar nicht aussiehst. Ich finde, am besten gibt man Dir kein Aussehen und sagt nur einfach Mister Gott …

Ich fand, es könnte nicht schaden, wenn Anna sich nicht immer nur um Mister Gott, sondern auch mal um den „Mensch an sich" ein paar Gedanken machen würde.

Also stellte ich ihr bei Vanillepudding mit Schokoladensoße die altbekannte Frage: Was ist der Mensch? und dachte: An der harten Nuß wird sie bestimmt eine Weile zu beißen haben.

Irrtum! Anna hatte das Problem im Nu gelöst.

„Was der Mensch ißt, ist mir egal", lautete ihre Antwort. „Ich eß am liebsten Süßes. Und Mister Gott ißt überhaupt nichts. Er hat von allem mal gekostet, und nun weiß er Bescheid, was der Mensch ißt."

Danke, Fratz! Das war eine klare Auskunft. Von da an habe ich mir nie wieder den Kopf darüber zerbrochen, was der Mensch ist.

(In: Fynn, Anna schreibt an Mister Gott

M18

Martin Buber

Gott – Das beladenste aller Menschenworte

Der folgende Text gibt ein Gespräch wieder, das der jüdische Religionsphilosoph Martin Buber mit einem alten Mann geführt hat, in dessen Haus er einmal anläßlich eines Vortrages zu Gast war.

„Wie bringen Sie das fertig, so Mal um Mal ‚Gott' zu sagen? Wie können Sie erwarten, daß Ihre Leser das Wort in der Bedeutung aufnehmen, in der Sie es aufgenommen wissen wollen? Was Sie damit meinen, ist doch über alles menschliche Greifen und Begreifen erhoben, eben dieses Erhobensein meinen Sie; aber indem Sie es aussprechen, werfen Sie es dem menschlichen Zugriff hin. Welches Wort der Menschensprache ist so mißbraucht, so befleckt, so geschändet worden wie dieses! All das schuldlose Blut, das um es vergossen wurde, hat ihm seinen Glanz geraubt. All die Ungerechtigkeit, die zu decken es herhalten mußte, hat ihm sein Gepräge verwischt. Wenn ich das Höchste ‚Gott' nennen höre, kommt mir das zuweilen wie eine Lästerung vor."

Die kindlich klaren Augen flammten. Die Stimme selber flammte. Dann saßen wir eine Weile schweigend einander gegenüber. Die Stube lag in der fließenden Helle des Frühmorgens. Mir war es, als zöge aus dem Licht eine Kraft in mich ein. Was ich nun entgegnete, kann ich heute nicht wiedergeben, nur noch andeuten.

„Ja", sagte ich etwa, „es ist das beladenste aller Menschenworte. Keines ist so besudelt, so zerfetzt worden. Gerade deshalb darf ich darauf nicht verzichten. Die Geschlechter der Menschen haben die Last ihres geängstigten Lebens auf dieses Wort gewälzt und es zu Boden gedrückt; es liegt im Staub und trägt ihrer aller Last. Die Geschlechter der Menschen mit ihren Religionsparteiungen haben das Wort zerrissen; sie haben dafür getötet und sind dafür gestorben; es trägt ihrer aller Fingerspur und ihrer aller Blut. Wo fände ich ein Wort, das ihm gliche, um das Höchste zu bezeichnen! Nähme ich den reinsten, funkelndsten Begriff aus der innersten Schatzkammer der Philosophen, ich könnte darin doch nur ein unverbindliches Gedankenbild einfangen, nicht aber die Gegenwart dessen, den ich meine, dessen, den die Geschlechter der Menschen mit ihrem ungeheuren Leben und Sterben verehrt und erniedrigt haben. Ihn meine ich ja, ihn, den die höllengepeinigten, himmelstürmenden Geschlechter der Menschen meinen. Gewiß, sie zeichnen Fratzen und schreiben ‚Gott' darunter; sie morden einander und sagen ‚in Gottes Namen'. Aber wenn aller Wahn und Trug zerfällt, wenn sie ihm gegenüberstehn im einsamsten Dunkel und nicht mehr ‚Er, er' sagen, sondern ‚Du, du' seufzen, ‚Du' schreien, sie alle das Eine, und wenn sie dann hinzufügen ‚Gott', ist es nicht der wirkliche Gott, den sie alle anrufen, der Eine Lebendige, der Gott der Menschenkinder? Ist nicht er es, der sie *hört*? Der sie – erhört? Und ist nicht eben dadurch das Wort ‚Gott', das Wort des Anrufs, das zum *Namen* gewordene Wort, in allen Menschensprachen geweiht für alle Zeiten? Wir müssen die achten, die es verpönen, weil sie sich gegen das Unrecht und den Unfug auflehnen, die sich so gern auf die Ermächtigung durch ‚Gott' berufen; aber wir dürfen es nicht preisgeben."

(In Martin Buber, Begegnung. Autobiographische Fragmente. Heidelberg: Verlag Lambert Schneider, 4. Aufl. 1986, S. 68–70)

M19

Tilman Moser

Gottesvergiftung

Tilman Moser, geb. 1938, Psychoanalytiker, hält in seinem Buch „Gottesvergiftung" Abrechnung mit dem Gott seiner Kindheit. Er macht das Bild Gottes, das er in seiner Erziehung kennenlernte, für seine Ängste und seine Schuldgefühle verantwortlich. Mit diesem Gott meint er das Ziel eines glücklichen Lebens nicht erreichen zu können. Das Buch beginnt so:

Lieber Gott, ich möchte mit einem Fluch beginnen, oder mit einer Beschimpfung, die mir bald Erleichterung brächte. Eine Art innere Explosion müßte es werden, die dich zerfetzte. Ich wäre dann nicht nur dich, sondern auch diese elende Beschämung los, mich noch einmal mit dir beschäftigen zu müssen. Ich dachte, du wärst tot, begraben, zumindest aber vergessen oder wärst mir gleichgültig geworden.

Du warst eine solche Enttäuschung, ein solcher Betrug in meinem Leben, daß ich, als ich ganz allmählich und unter Qualen dahinterkam, dich links liegen ließ. Nicht daß du als Person überlebt hättest, als ein faßliches Gegenüber. Du warst einst so fürchterlich real, neben Vater und Mutter die wichtigste Figur in meinem Kinderleben. Nein, obwohl es mich wundert, wie leicht es mir fällt, dich immer noch so direkt anreden zu können. Du hast überlebt in meiner seelischen Struktur: ganze Gewölbe, Verehrungsthrone, innere Zimmer- und Kapellenfluchten wurden für dich angelegt. Du haustest in mir wie ein Gift, von dem sich der Körper nie befreien konnte. Du wohntest in mir als mein Selbsthaß. Du bist in mich eingezogen wie eine schwer heilbare Krankheit, als mein Körper und meine Seele klein waren. Beide wurden, entgegen einer freieren Bestimmung, zu deiner Wohnung gemacht, und ich war so stolz, daß du auch in mir kleinem Jungen Wohnung nehmen würdest. Es gab Jahre, wo ich dir mein Leben weihen wollte, wo zwischen dir und mir verhandelt wurde über einen Erwählungsvertrag. Du hast schon ganz früh mit meinem Größenwahn gespielt, ihn genährt, ihn an geheiligten Vorbildern gesteigert, die mir in deinem Namen vor Augen gehalten wurden. Ich habe dir so schreckliche Opfer gebracht an Fröhlichkeit, Freude an mir und anderen, und der Lohn war, neben der Steigerung des Erwähltheitsgefühls, oder dem Kampf darum, ein Quentchen Geliebtsein vielleicht, vielleicht ein Quentchen weniger Verdammnis.

Weil ich dich insgeheim haßte um der Demütigungen willen, die ich auf mich nahm, um dir zu gefallen, um deine Gunst zu erwerben oder auch nur um deine Ungunst zu vermeiden, mußte ich dich immer mehr verehren, dich immer inständiger anflehen, an mir doch ein wenig Wohlgefallen zu finden. Und so bist du immer wirklicher geworden, einfach deshalb, weil du mich, aus vielen Gründen, nicht gemocht hast. Ich habe unter niemandem so gelitten in meinem Leben wie unter deiner mir aufgezwungenen Existenz. Indem ich dir zeige, wie du als Krankheit in mich eingezogen bist, und als Krankheit fast über mich hinweggewachsen wärst, hoffe ich, mich ein Stück weit von dir heilen zu können. Ich weiß, daß du in den Narben, falls ich dich aus mir vertreiben kann, bis zu meinem Tode hausen wirst. Sie werden mich beißen, und du wirst mich noch mit Phantomschmerzen quälen, wenn du längst wegamputiert bist

(In: Tilman Moser, Gottesvergiftung, Suhrkamp Verlag 1976)

M20

Der Rücken des lieben Gottes

Exodus 33.18–23

Unser Text aus dem Buch Exodus steht unter dem Leitwort „Bundeserneuerung". Da war die unselige Geschichte mit dem goldenen Kalb. Israel wollte sich einen sichtbaren, einen greifbaren Gott schaffen. Der Unsichtbare – der in Feuer- und Wolkensäule vor ihnen her Ziehende : Er war ihnen zu ungewiß. Sie hatten nur sein Wort und die Zusage: er werde mit ihnen sein. – Und sie hatten Mose. Aber das war ihnen zu wenig.

Menschen aller Zeiten wollen sich ein Bild machen von ihrem Gott – sie wollen einen sichtbaren, greifbaren, habbaren Gott. – Und eben das ist der Gott der Bibel nicht. Er hat seinem Volk sein Wort gegeben und sein Versprechen : „Ich will mit euch sein" – „ich will euer Gott sein und ihr sollt mein Volk sein" – „wo immer ihr zu mir ruft – wo einer mir vertraut, da bin ich bei ihm". – Aber: ein Bild von ihm machen – ihn im Bild festlegen – das soll Gottes Volk nicht. Jahwe ist größer als alle Bilder – er sprengt alle Vorstellungen der Menschen.

Das ist sehr schön gesagt. Und Israel war froh an dieser Zusage. Es gab auch Zeiten und Phasen, da ließ es sich gerne darauf ein. Doch es gibt auch andere Phasen des Lebens und andere Zeitabschnitte, da fühlt man sich allein gelassen. – Wo ist denn nun dieser Gott? – Ich finde ihn nicht! – Ich sehe ihn nicht! – Die Geschichte vom goldenen Kalb ist dem Volk Gottes gegeben – ein-für-alle-mal als Warnung: Auch das schönste Bild muß zerschlagen werden, wenn es die Größe Gottes, seine Herrlichkeit, klein und faßbar machen will.

Wir machen es uns leicht, wenn wir diese unvernünftigen Israeliten von damals mit hochmütiger Geste abtun. Denn: goldene Kälber sind auch unsere Versuchung – nicht als Götzenbilder, als Darstellungen falscher Götter

– diese Gefahr ist leicht zu erkennen, – sondern als falsche Bilder – Zerrbilder des Gottes, der sich uns in Liebe zuneigt.

Und dennoch: Wüßte man doch mehr – Genaueres von ihm! „Wie sieht er denn aus?“ – so fragen die kleinen Kinder. Sie wagen zu formulieren, was wir, als aufgeklärte Mitteleuropäer, nicht zu fragen wagen. Unser Text gibt uns Mut. Auch Leute wie Mose wüßten gern mehr: „Laß mich doch deine Herrlichkeit sehen.“ „Herrlichkeit“ – das ist in der Bibel ein Signalwort, das alles zusammenfaßt, was Gottes Größe ausmacht: Laß mich schauen deine Macht und Majestät – deine Kraft und Hoheit! Das ist des Mose Wunsch.

Und was sagt Gott? Er geht darauf ein: „Ich will meine ganze Schönheit vor dir vorüberziehen lassen.“ – „Schönheit“, sagt Gott, nicht „Herrlichkeit“. Die den Menschen faszinierende, anziehende, bezaubernde Seite seines Wesens will er ihm zeigen. Er will ihn nicht mit der Offenbarung seiner Größe verwirren – erdrücken. Und der Name des Herrn – der Name Jahwe – der Name, der aussagt, wie nahe Gott dem Menschen ist – der soll ausgerufen – dem Mose zugerufen werden. Denn Gott ist ein Gott der Huld. Er schenkt den Menschen seine Gnade – er wendet sich ihnen zu – er erbarmt sich ihrer – nicht weil sie es verdienen – sondern weil er „Gnade und Erbarmen schenkt“. Auch das wird dem Mose versprochen. Er muß also wissen: Hier ist kein Recht einzufordern – alles ist Geschenk.

Und: Was bekommt Mose zu sehen? Sieht er nun endlich Gott? Kann er uns davon Kunde geben?

Diese Erwartung wird schnell enttäuscht: „Mein Angesicht kannst du nicht sehen“ – denn: „Kein Mensch kann mich sehen und bleibt am Leben“. Ein entschiedenes Wort! Also doch eine Absage? – Ein letztes Nein?

Hier erst beginnt die Geschichte ihren eigentlichen Reiz zu bekommen. Ganz behutsam geht Gott mit seinem Propheten um. Er soll sich in einen Felsspalt stellen – nein: Gott selber stellt ihn hinein – sucht für ihn einen schützenden Platz. Und wenn er in all seiner Herrlichkeit vorüberzieht – in all seiner den kleinen Menschen erschlagenden Herrlichkeit und Größe, dann hält Gott selber seine Hand schützend über den kleinen Mose – bis er vorüber ist. Und dann – was sieht dann der Prophet? Er wollte doch Gottes Herrlichkeit sehen! Ein Stück davon hat er schon erfahren in der schützenden Hand – aber noch nicht genug! Gott „zieht dann seine Hand zurück“: Mose darf nicht nur Gottes Schutz spüren – er darf auch etwas „sehen“, wie er es sich gewünscht hat. „Du wirst meinen Rücken sehen“ – den Rücken des lieben Gottes! Nicht Gottes Angesicht ist dem Menschen zugänglich – sondern sein Rücken – und seine schützende Hand.

Nur wer gar nichts von der Bibel versteht, kann angesichts solcher Bilder von naiven Vermenschlichungen der Gottesvorstellung reden. Hier spricht der Glaube, der Gottes schützende Hand erfahren hat – hier spricht vielleicht auch die Enttäuschung und die immer neue Bitte um noch größere Nähe zu unserem Gott. Und hier spricht auch die Weisheit, daß wir hier in der Welt immer nur „Gottes Rücken sehen".

Und wenn uns der Glaube nicht führt, dann sehen wir nicht einmal das! Wir sehen nur die blasse Kehrseite der Dinge und nicht ihre Schönheit – weil wir nicht wissen – nicht wahr-haben-wollen – nicht aufmerksam sind und deshalb nicht merken: daß die uns sichtbare Kehrseite der Welt „der Rücken des lieben Gottes" ist.

(In: Gabriele Miller, Hinter seinem Rücken, Bernward-Verlag, Hildesheim, 1984, S. 17 – 19)

M21

Theologische Fragmente

… und demnach gestalt- und namenlos ist (Gott). Und wenn wir ihm einen Namen geben, indem wir es, ohne den eigentlichen Sinn zu treffen, entweder Eines nennen oder das Gute oder Geist oder das Seiende selbst oder Vater oder Gott oder Schöpfer oder Herrn, so bringen wir mit solchen Worten nicht seinen Namen vor… Er kann aber auch nicht durch die mit Beweisen arbeitende Wissenschaft erfaßt werden; denn diese stützt sich immer auf vorher Vorhandenes und Bekanntes; nichts aber ist früher vorhanden als das Ungewordene (das also von Ewigkeit her ist). Es bleibt demnach nur übrig, daß wir das Unerkennbare durch göttliche Gnade und allein durch das von ihm ausgehende Gotteswort erfassen …
Clemens von Alexandria († 215)

Gott sagt: Ich bin Vater, Bruder, Bräutigam, Familie, Nahrung, Gewand, Wurzel, Baugrund: alles, was du willst, bin ich. Es fehlt dir an nichts. Auch dein Diener werde ich sein; bin ich doch gekommen, um zu dienen, nicht um mich bedienen zu lassen. Ebenso bin ich auch Freund, Glied, Kopf, Bruder, Schwester und Mutter, alles bin ich. Du mußt mir nur Vertrauen entgegenbringen. Deinetwillen bin ich arm, deinetwegen begraben worden. Droben

bin ich beim Vater dein Anwalt, hier bin ich für dich der Gesandte des Vaters. Und du bist mir alles: Bruder, Miterbe, Freund.
Johannes Chrysostomus (345–407)

Also ist zwar das Böse, soweit es böse ist, nicht gut; dennoch ist gut, daß nicht nur das Gute existiert, sondern auch das Böse. Denn, wenn es nicht gut wäre, daß auch das Böse existiert, würde seine Existenz auf keine Weise von dem allmächtigen Guten zugelassen werden.
Augustinus (354–430)

Ich weiß, was Gott für mich ist; was er an und für sich ist, weiß er.
Bernhard von Clairvaux (1091–1153)

Von Schöpfer und Geschöpf kann keine Ähnlichkeit ausgesagt werden, ohne daß sie eine größere Unähnlichkeit zwischen beiden einschlösse.
4. Laterankonzil (1215)

Glaube nicht, daß deine eigene Erkenntnis sich dazu erheben kann, daß du Gott zu erkennen vermagst. Wahrlich, wenn Gott dich göttlich erleuchtet, braucht es kein natürliches Licht, um dies zuwege zu bringen. Dies natürliche Licht muß sogar gänzlich getilgt sein, bevor Gott mit seinem Licht einleuchtet.
Meister Eckehart (1260–1327)

Gott hat uns erschaffen, weil er wünscht, daß noch andere zusammen mit ihm die Liebe wagen.
Duns Scotus (1266–1308)

Wäre dein Herz so, wie es sein soll, dann wäre dir jedes Geschöpf ein Spiegel des Lebens und ein Buch heiliger Lehre. Kein Geschöpf ist so klein und so gering, daß es nicht Gottes Güte offenbarte. Wärest du im Innern gut und rein, dann würdest du alles ohne Hindernis sehen und gut verstehen. Ein reines Herz dringt durch Himmel und Hölle.
Thomas von Kempen (1379–1471)

„‚Du sollst nicht andere Götter haben.‘ Das ist, du sollst mich alleine für deinen Gott halten. Was ist das gesagt (= bedeutet das) und wie versteht man's? Was heißt einen Gott haben oder was ist Gott? Antwort: Ein Gott heißt das,

dazu man sich versehen soll alles Guten und Zuflucht haben in allen Nöten. Also daß einen Gott haben nichts anderes ist, denn ihm von Herzen trauen und glauben, wie ich oft gesagt habe, daß alleine das Trauen und Glauben des Herzens machet beide, Gott und Abgott. Ist der Glaube und Vertrauen recht, so ist auch dein Gott recht, und wiederum, wo das Vertrauen falsch und unrecht ist, da ist auch der rechte Gott nicht. Denn die zwei gehören zuhaufe, Glaube und Gott. Worauf du nun … dein Herz hängest und verlässest, das ist eigentlich dein Gott."
Martin Luther (1483–1546)

Der Gott der Christen ist nicht einfach ein Gott als Urheber der geometrischen Wahrheiten und der Ordnung der Elemente; das ist der Teil, den Heiden und Epikureer von ihm hatten. Er ist nicht nur ein Gott, der seine Vorsehung auf das Leben und die Güter der Menschen erstreckt, um denen, die ihn verehren, ein langes und glückliches Leben zu schenken, das ist der Anteil, den die Juden hatten. Sondern der Gott Abrahams, der Gott Isaaks, der Gott Jakobs, der Gott der Christen ist ein Gott der Liebe und des Trostes, ist ein Gott, der die Seele und das Herz derjenigen erfüllt, die er besitzt, ist ein Gott, der sie im Innern ihr Elend und seine unendliche Barmherzigkeit spüren läßt, der sich in der Tiefe ihrer Seele ihnen vereint und sie mit Demut, Freude, Vertrauen und Liebe erfüllt und sie unfähig macht, ein anderes Ziel zu haben als ihn.

Alles Wahrnehmbare zeigt weder völlige Abwesenheit noch eine offenbare Gegenwärtigkeit des Göttlichen, wohl aber die Gegenwart eines Gottes, der sich verbirgt. Alles trägt dieses Merkzeichen.
Blaise Pascal (1623–1662)

Ist es wahr, Herr, daß Du noch heute
gern die Gewässer betrachtest,
die Winde,
das Licht?
Trifft es zu, daß Du Dir einen Sinn
bewahrt hast
für Vögel,
für Blumen,
für Kinder?
Wovon ich fest überzeugt bin,
ist, daß Du nicht minder gern

betrachtest,
was unablässig
aus den Händen des Menschen
hervorgeht,
mit dem Du
Deine Schöpferkraft teilst.
Helder Camara (geb. 1909)

Wenn ich in Gott vergeh', so komm ich wieder hin,
Wo ich von Ewigkeit vor mir gewesen bin.
Angelus Silesius (1624–1677)

„Das Höchste, das überhaupt für ein Wesen getan werden kann, ist, es frei zu machen. Eben dazu gehört Allmacht, um das tun zu können. Das scheint sonderbar, da gerade die Allmacht abhängig machen sollte. Aber wenn man die Allmacht denken will, wird man sehen, daß gerade in ihr die Bestimmung liegen muß, sich selber so wieder zurücknehmen zu können in der Äußerung der Allmacht, daß gerade deshalb das durch die Allmacht Gewordene unabhängig sein kann. Darum geschieht es, daß der eine Mensch einen anderen nicht ganz frei machen kann, ... da in aller endlichen Macht (Begabung usw.) eine endliche Eigenliebe ist. Nur die Allmacht kann sich selber zurücknehmen, während sie hingibt, und dieses Verhältnis ist gerade die Unabhängigkeit des Empfängers. Gottes Allmacht ist darum seine Güte. Denn Güte ist, ganz hinzugeben, aber so, daß man dadurch, daß man allmählich sich zurücknimmt, den Empfänger unabhängig macht. Alle endliche Macht macht abhängig, nur die Allmacht kann unabhängig machen, aus nichts hervorbringen, was Bestand hat in sich dadurch, daß die Allmacht beständig sich selber zurücknimmt."
Sören Kierkegaard (1813–1855)

Ohne Gott aber zu leben, ist nur eine Qual... So einen Menschen kann es ja gar nicht geben, der sich nicht vor irgend etwas beugt; wenn er Gott verstoßen hat, so beugt er sich vor einem Götzen – einem hölzernen oder goldenen oder eingebildeten.
F. M. Dostojewskij (1821–1881)

Für mich sind Ich und die Welt eine unendliche Frage. Mir ist selbstverständlich, daß es auch in der entferntesten Zukunft der menschlichen Erfahrungsgeschichte und sekundär dazu der Wissenschaft nie einen Punkt geben wird, an dem alle Fragen beantwortet, alle Probleme aufgearbeitet und endgültig erledigt sein werden.

Mich aber umfängt und durchdringt das ewige Geheimnis, das unendliche Geheimnis, das alles andere ist, als die zusammengekratzten Restbestände des vorläufig noch nicht Gewußten und noch nicht Erfahrenen, das Geheimnis, das in seiner Unendlichkeit und Dichte zugleich äußerst und innerst den tausend zersplitterten Wirklichkeiten ist, die wir unsere Erfahrungswelt nennen. Dieses Geheimnis ist da, spricht sich aus, indem es schweigt; es läßt gelassen die reden, die erklären, von ihm zu reden, bewirke nur sinnloses Geschwätz. Ich kann den Ärger und die Gereiztheit derer verstehen, die so reden. In dem Augenblick, in dem man dieses Geheimnis, das alles schweigend umfaßt, nicht anbetend liebt, wird es einem zum Ärgernis. Es ist da und läßt sich nicht einordnen. Es scheint nur zu schweigen und alle unsere eigenen Deutlichkeiten und Sicherheiten aufzuheben. Wenn man sich ihm nicht liebend ergibt, kann man es nur empört leugnen, wenn man sich dazu die Zeit nimmt, oder man kann es verdrängen, indem man in die Geschäfte des Alltags flieht und diesen letztlich doch mehr Gewicht zuerkennt, als sie, die flüchtigen und sterbenden, von sich aus wirklich hergeben.
Karl Rahner (1904–1984)

Der Name dieser unendlichen Tiefe und dieses unerschöpflichen Grundes alles Seins ist Gott. Jene Tiefe ist es, die mit dem Wort Gott gemeint ist. Und wenn das Wort für euch nicht viel Bedeutung besitzt, so übersetzt es und sprecht von der Tiefe in eurem Leben, vom Ursprung eures Seins, von dem, was euch unbedingt angeht, von dem, was ihr ohne irgendeinen Vorbehalt ernst nehmt. Wenn ihr das tut, werdet ihr vielleicht einiges, was ihr über Gott gelernt habt, vergessen müssen, vielleicht sogar das Wort selbst. Denn wenn ihr erkannt habt, daß Gott Tiefe bedeutet, so wißt ihr viel von ihm. Ihr könnt euch dann nicht mehr Atheisten oder Ungläubige nennen, denn ihr könnt nicht mehr denken oder sagen: Das Leben hat keine Tiefe, das Leben ist seicht, das Sein selbst ist nur Oberfläche. Nur wenn ihr das in voller Ernsthaftigkeit sagen könnt, wäret ihr Atheisten, sonst seid ihr es nicht. Wer um die Tiefe weiß, der weiß auch um Gott.
Paul Tillich (1886–1965)

M22

Ida Friederike Görres

„Denk Dir einen Berg ...“

„Denk Dir einen Berg. Es braucht nicht der Montblanc zu sein – irgendeinen ..., den Du gut kennst.

Mit tausend Gesichtern ruht er in sich. Anders sieht ihn der Forstmann, der Maler, der Geograph, der Bergmann, der in ihn einfährt. Anders der Flieger, der wolkenhoch die ganze Landschaft in sich aufnimmt, anders die Bergbauern, die auf ihm wohnen ... Unerschöpfliche Variationen. Tausend Schnappschüsse, hundert Skizzen – widersprechen sie einander? ... Wer kann die ‚Sichten‘ gegeneinander ausspielen? Sie beschreiben doch alle die gleiche Wirklichkeit, die kein Einzelner erfassen kann, die alle einander ergänzen, und aus ihnen baut sich das große Bild auf: DER BERG. Aber der Berg und sein bestes, umfassendstes Bild sind immer noch zweierlei. Ähnlich ergeht es uns mit unserem Christusbild ...

‚Kirche‘ ist für mich ... die einzige, die uralte Zeitgenossin des Herrn und Seiner ersten Jünger, die seither ununterbrochen mit dem Lebendigen und Erhöhten lebt, wie in einer Ehe ... In ihrem Gedächtnis und Bewußtsein schmelzen die tausend Teil-Ansichten, Erinnerungen, Erfahrungen, Deutungen zusammen zu einer ungeheuren Geheimnisgestalt, einem Antlitz, das wir meinen, wenn wir ‚Christus‘ sagen ...

Durch die ganze Kirchenzeit wächst das Verständnis weiter, auch wenn es immer wieder durch die Sünden der Gläubigen verschattet und verschüttet wird. Die Wirklichkeit des Herrn ist so unerschöpflich, daß sie von keinem Individuum, keiner Gruppe, keiner Generatiom allein aufgefaßt und ausgesprochen werden kann ...

Wir erleben es doch heute ganz deutlich, wie Charles de Foucauld, Teilhard de Chardin bisher unbekannte oder ‚stumme‘ Aspekte Seiner Wirklichkeit mächtig ins Bewußtsein der Kirche rufen: was für entgegengesetzte Pole und doch beide überzeugend und wie fruchtbar! ...“

(Aus: Ida Friederike Görres, Im Winter wächst das Brot, Johannes Verlag, Einsiedeln 1973)

M23

Franziskus Eisenbach

Der Mensch kann mit anderen nur Kontakt aufnehmen, wenn er aus sich herausgeht. Durch den Blick nimmt er mit dem anderen Verbindung auf; er spricht ihn an und reicht ihm die Hand. Diese Einheit von Anblicken, Ansprechen und Anrühren kann aber nur dann ihr Ziel erreichen, wenn der andere Mensch den Blick erwidert, den Gruß hört und beantwortet und die ausgestreckte Hand ergreift. Wort, Blick und Geste gehören zusammen; alle drei sagen dasselbe, aber sie ergänzen und erklären sich gegenseitig. Ein Gruß kann ja ganz neutral klingen; der Händedruck und der freundliche Blick geben ihm Wärme. Hand und Blick sagen viel; aber oft muß das begleitende Wort noch verdeutlichen, was einer dem anderen sagen will.

Dieses Beispiel steht für viele. Je nachdem, in welcher Situation und mit welcher Absicht und Intensität Menschen einander anblicken, anrühren und ansprechen, entsteht ein mehr oder minder starker Kontakt, eine größere oder geringere Gemeinsamkeit bis hin zu Partnerschaft, Freundschaft und Liebe.

Eine solche Verbindung kann dann auch auf andere Weise, etwa in Gedanken oder in Briefen und Telefonaten erneuert und vertieft werden. Sie braucht aber, um wirklich bestehen zu können, immer auch den Blick, das Wort und die Geste. Sie braucht leibhafte Zeichen, in denen das innere Empfinden der Beteiligten sich äußert. …

Diese Eigenart menschlicher Kommunikation hat ihren Grund darin, daß der Mensch beseelter Leib ist, Geist in Leib. Was wirklich menschlich sein soll, muß die geistig-seelische Innerlichkeit des Menschen leiblich zum Ausdruck bringen. Und nur über den leiblichen Ausdruck, sei es in Wort oder Blick oder Geste, können Menschen miteinander in Kontakt kommen. …

Die Sakramente sind nach christlichem Verständnis Zeichen, mit denen Gott den Menschen seine Liebe zeigt; Zeichen, mit denen der Mensch auf Gottes Liebe antwortet. Die Sakramente sind also für den Menschen da. Um ihren Sinn zu verstehen, muß man fragen, wie ein Mensch überhaupt mit einem anderen in Verbindung tritt. Entsprechend muß auch die Verbindung zwischen Gott und ihm zustande kommen. …

Schließlich kann dann auch ein Ding, ein Blumenstrauß, ein Brief oder fast jeder beliebige Gegenstand zum Zeichen der Kommunikation werden, zum Zeichen der Gegenwart des Menschen, der mir dieses Zeichen gibt. …

Der christliche Glaube gründet auf der Überzeugung, daß Gott ein Gott für die Menschen ist und mit den Menschen Gemeinschaft knüpfen will. Diese von menschlicher Seite her unerklärbare und unbegreifliche Absicht Gottes hat die Folge, daß Gott sich dem Menschen auf menschliche Weise zuwenden muß, soll der Mensch ihn verstehen und sein Freundschaftsangebot annehmen können. …

Und so berichtet es die Geschichte der Offenbarung Gottes im Alten und im Neuen Bund: Gott spricht in menschlicher Sprache, er zeigt sich in menschlichen Zeichen. Die großen Symbole von Feuer und Sturm und Erdbeben, die Ereignisse der wunderbaren Rettung aus feindlicher Übermacht oder aus verhängnisvoller Verstrickung in Schuld und in Folgen der Schuld: all das erkennen und deuten gläubige Menschen in prophetischer Sicht als göttliche Sprache, in der Gott sich den Menschen zu erkennen gibt.

Manche von diesen Ereignissen gewinnen im gläubigen Nachdenken herausragende Bedeutung: das Bundeszeichen, das Gott dem Noach gibt, der Regenbogen als Band zwischen Himmel und Erde; die Beschneidung als Bundeszeichen für Abraham und seine Nachkommen; der brennende Dornbusch, in dem Mose Gott erkennt; die Rettung aus Ägypten, der Bundesschluß Gottes mit seinem Volk am Sinai – das alles sind Zeichen des Interesses Gottes an seinem Volk, Zeichen der gläubigen Bindung des Volkes Israel an Gott. Es sind „Sakramente", Zeichen, in denen die entscheidende Wirklichkeit: die Sorge Gottes für sein Volk und die Hingabe des Volkes an Gott – greifbar, hörbar und sichtbar wird.

Bis Gott schließlich den eigenen Sohn in menschlicher Gestalt zu den Menschen sandte: Jesus Christus. In ihm spricht Gott endgültig in menschlicher Sprache, in der Sprache dieses Menschen Jesus, der Gottes Sohn ist. Jesus sagt nicht nur Gottes Wort, er ist Gottes Wort. Er deutet nicht nur auf die Zeichen, in denen man Gott erkennen kann, er ist selbst das Zeichen der Gegenwart Gottes. Wer ihn sieht, sieht, wie Gott ist (vgl. Joh 14,9); wer ihn hört, hört Gottes Wort (vgl. Joh 8,28); wer ihn berührt, kommt in Kontakt mit der heilenden, schöpferischen Kraft Gottes (vgl. Mt 9,20).

Jesus Christus ist selbst das Sakrament Gottes, sein Zeichen, in dem das, was gezeigt werden soll, selbst da ist: „Die Güte und Menschenliebe Gottes, unseres Retters" (Tit 3,4). …

Die Evangelien berichten davon, daß Jesus schon bald begonnen hat, Menschen um sich zu sammeln, die ihn als seine Schüler und Freunde begleiteten. Ihnen gab er die Vollmacht, so wie er selbst die Botschaft von Gottes Nähe zu verkünden und zum Zeichen dafür Kranke zu heilen (vgl.

Lk 9,1–6). Diesen Auftrag empfingen die Jünger Jesu Christi neu und endgültig durch den auferstandenen Herrn (vgl. Mt 28,18–20). In der Begegnung mit den Aposteln machen die Menschen nun dieselbe Erfahrung, die sie mit Jesus gemacht hatten: Gottes lebenschaffende, vergebende und heilende Nähe wird ihnen durch die Predigt und die Wunderzeichen der Apostel geschenkt. So erfüllt sich das Wort Jesu an seine Jünger: „Wer euch hört, hört mich" (Lk 10,16).

Es ist also letztlich der in den Aposteln wirksame Herr selbst, der die Menschen im Glauben versammelt und so die Kirche begründet. In dieser Gemeinschaft der Glaubenden wird Gottes Nähe erfahren. So ist die Kirche selbst ein Zeichen für Gottes Gegenwart und seine Güte und Menschenliebe. Und wenn Jesus Christus zur Zeit seines irdischen Lebens nur wenigen Menschen und nur für kurze Zeit zeigen konnte, wie Gott zu ihnen steht, so will er, daß seine Kirche immer und überall das Zeichen der bleibenden Nähe und Liebe Gottes sein soll. Sie ist gewissermaßen selbst ein Sakrament. …

Wenn es aber wahr ist, daß die Kirche vor allem der lebendige Leib Jesu Christi ist, dann sind die Sakramente der Kirche letztlich Handlungen Jesu Christi selbst. In diesen Zeichen spricht Jesus auch heute Menschen an, legt ihnen die Hände auf und schenkt ihnen seine Freundschaft.

(Franziskus Eisenbach, Wirksame Zeichen des neuen Lebens: die Sakramente [Auszüge].
In: Antwort des Glaubens, Nr. 24, Informationszentrum Berufe der Kirche, Freiburg)

M24

Friedrich Grotjahn

Pastor Schäfer und die Taufanmeldung

Pastor Schäfer überflog die Familienanzeigen. An einer blieb er hängen. Zuerst dachte er, etwas aus der Autobranche sei versehentlich auf die Familienseite geraten, doch dann merkte er, daß es wirklich eine Geburtsanzeige sein sollte: „Unser 2. Sondermodell. Typ: Isermann; Modell: Boris; Planung und Design: T. und E. Isermann; Länge: 53 cm; Leergewicht: 3880 g; Erstzulassung: 2. 9. 1986; zZ TÜV Städtisches Krankenhaus." – Und als „Standort" war die Stadt angegeben, in der auch Pastor Schäfer wohnte.

Pastor Schäfer fand die Anzeige ausgesprochen geschmacklos: Die Rede von der Geburt eines Menschenkindes zur Blechsprache verkommen. Ein Psalmwort fiel ihm ein: „Du hast meine Nieren bereitet, du hast mich gebildet im Mutterleib. Ich danke dir dafür, daß ich wunderbar gemacht bin." Er dachte daran, daß man bei der Taufe – wenn dieses „Modell" dann getauft werden sollte – singen würde: „Lobe den Herren, der künstlich und fein dich bereitet..." – Da war weder von „Design" noch von „Erstzulassung" die Rede. Doch dann fragte er sich, ob sein Widerwillen gegen diese Art von Geburtsanzeigen nicht vielleicht nur seinem bürgerlichen Geschmack entstamme, und ob er – Pastor Schäfer – als Kirche in solcher Bürgerlichkeit verfangen, nicht überhaupt unfähig sei, auf die „neuen Gegebenheiten in einer gewandelten Welt" einzugehen. Er mußte daran denken, wie seine Konfirmanden das schöne alte Wort „Kreatur" mit „Reparatur" verwechselten und regelmäßig – und sei es auch nur, um Pastor Schäfer zu ärgern – die Erklärung des Glaubensbekenntnisses abwandelten in: „Ich glaube, daß mich Gott geschaffen hat samt allen Reparaturen..."

Dann sah er sich die Anzeige noch einmal an: „Natürlich", stellte er fest, „ist Boris ein ‚Sondermodell'. Wer will schon noch als ‚Standard-Kind' auf die Welt kommen! Und zwar ist Boris bei den Isermanns schon das zweite herausgehobene Exemplar. Was für eine glückliche Familie!"

Doch auch bei näherem Hinsehen fand er keine Auskunft auf so wichtige Detailfragen wie: Schadstoffarmut, Steuerbegünstigung, Abgasreinigung und zusätzliche Ausstattung. „Die Frage, ob ‚Kauf' oder ‚Leasing', stellt sich hier wohl nicht", meinte er, „aber was heißt bei diesem ‚Modell' eigentlich ‚Leergewicht'?" Die Pfarramtssekretärin meldet sich: „Ein Anruf für Sie! Ein Herr Iser... oder Isen..., ich habe den Namen nicht richtig verstanden." „Isermann?" fragte Pastor Schäfer. „Kann sein", sagte sie, „drücken Sie bitte aufs Knöpfchen!" Pastor Schäfer drückte. „Guten Tag, Herr Pastor", sagte der Mann, „ich möchte meinen Sohn zur Taufe anmelden." „Aha!" sagte Pastor Schäfer. – Jetzt hatte ihn der Herr in seine Hand gegeben. „Sicher hat Ihr neues Modell auch die Qualitäten, die auch Ihr erstes Modell auszeichnen", begann er, „die Langlebigkeit, die Zuverlässigkeit, die Wirtschaftlichkeit."

„Wie bitte?" fragte der andere. Er wirkte irritiert. „Und mit diesem neuen Entwurf wollten Sie sicher nicht nur hohen Stylingsansprüchen gerecht werden, sondern vielmehr ein Modell mit Standfestigkeit und Langlauffreudigkeit schaffen." „Bin ich richtig verbunden mit Herrn Pastor Schäfer?" fragte es aus der Leitung. „Aber gewiß doch“, sagte Pastor Schäfer. „Sie wollen Ihr neues Modell zur Taufe anmelden. Das ist auch unsere Empfehlung. Die Taufe gewährt vollen geistlichen Versicherungsschutz, der unbegrenzt zeitlich und ewig gilt und zwar automatisch. Falls dieser Schutz erweitert werden soll, können Sie Zusatzverträge abschließen: Konfirmation, Trauung und schließlich kirchliche Beerdigung. Die schließt zwar keinen Rücktransport ein, kann aber individuell gestaltet werden.“ „Hören Sie ...“ – der andere wurde laut, doch Pastor Schäfer war nicht mehr zu bremsen. „Auf unseren besonderen Service möchte ich Sie noch aufmerksam machen: den Evangelischen Kindergarten. Er repräsentiert den neuen Stand der Erziehungs-Technologie; entwickelt, um die Modelle der 80er Jahre sicher in die 90er Jahre zu begleiten. – Und im übrigen“, fügte er hinzu, „erhalten Sie jederzeit fachkundige und freundliche Beratung durch Ihren Partner, Pastor Schäfer.“

„Aber mein Sohn ...“ stöhnte der andere. „Ihren Sohn sollten Sie übrigens nicht ‚Boris‘ nennen“, sagte Pastor Schäfer, „nennen Sie ihn ‚Günter Thomas‘.“ „Aber warum?“ wollte der Mann wissen. „‚Günter Thomas Isermann‘, abgekürzt ist das ‚GTI‘“, sagte Pastor Schäfer freundlich. Er war jetzt fertig und mit sich zufrieden.

„Jetzt hören Sie mir aber zu!“ schrie der Mann ins Telefon. „Erstens heißt mein Sohn nicht ‚Boris‘ sondern ‚Markus‘. Zweitens heiße ich nicht ‚Isermann‘ sondern ‚Iserberg‘. Und drittens wollte ich nicht meinen Wagen waschen, sondern meinen Sohn taufen lassen. Aber da bin ich bei Ihnen offenbar an der falschen Adresse, Sie Himmels-Techniker!“

„Oh“, sagte Pastor Schäfer und wurde rot. – Doch der Mann hatte schon eingehängt.

M25

Erzbischof J. J. Degenhardt

Liebe Schwestern und Brüder,

in der Gemeinde von Korinth haben sich beim Gottesdienst Mißstände eingeschlichen. Es gibt Parteien, verschiedene Richtungen, die kaum noch Kontakte untereinander haben. Die Einheit der Gemeinde ist gefährdet. Wir wissen nicht, welche Gründe zur Spaltung geführt haben; ob es verschiedene Glaubensüberzeugungen, soziale Gegensätze, Anhänger von rivalisierenden Missionaren gewesen sind. Der Apostel ruft den Gemeindemitgliedern in Korinth ins Bewußtsein, was sie bei jeder Eucharistiefeier hören. Die gottesdienstliche Feier der Gemeinde geschieht als Gedächtnis dessen, was Jesus Christus beim letzten Abendmahl mit seinen Jüngern getan hat. „Tut das zu meinem Gedächtnis", so lautet der Auftrag des Herrn. Wie beim Abendmahl geht es auch beim Gottesdienst der christlichen Gemeinde um den Leib und das Blut Christi als Speise und Trank für uns. Wer an der Speise des Herrn Anteil hat, verkündet den Tod des Herrn, bis er wiederkommt. Christus ist, so will Paulus sagen, für uns in den Tod gegangen. Er hat sein Leben hingegeben aus Liebe zu uns.

Wer seine Speise empfängt, hat nur dann wirklich Anteil an ihm, wenn er sich zu einer gleichen Hingabe für die Brüder und Schwestern bereitfindet. Es ist ein Widersinn, nur an sich selbst, nur an seinen eigenen Vorteil, an seine Sättigung zu denken und andere hartherzig ihrem eigenen Hunger zu überlassen. Wer so handelt, dem wird der Empfang des Herrenmahles nicht zum Heil, sondern zum Gericht Gottes werden.

Seit der Zeit des Apostels Paulus ist schon viel Wasser den Rhein hinuntergeflossen. Die Menschen haben andere Probleme als damals. Unsere Welt ist anders als die Welt der Antike. Auch die Kirche hat eine fast zweitausendjährige Geschichte hinter sich. Vieles hat sich gewandelt und doch: in allem Wandel ist die Kirche die Kirche Jesu Christi und der Apostel geblieben. Heute wie damals kommen die Christen zusammen, um das Herrenmahl miteinander zu feiern und den Auftrag Jesu Christi zu erfüllen: Tut das zu meinem Gedächtnis. …

Jedoch ist es die Gemeinschaft der Gläubigen, die ganze Gemeinde, das heilige Volk Gottes, die königliche Priesterschaft, die dem Herrn Dank sagt und die makellose Opfergabe nicht nur durch die Hand des Priesters, sondern auch zusammen mit ihm darbringt und dadurch sich selber darbringt.

Nach katholischer Glaubensüberzeugung ist die Feier der Eucharistie Quelle und Gipfel allen christlichen und kirchlichen Lebens (Liturgiekonstitution, Art. 10). Die Eucharistie ist somit zugleich Quelle dieser Einheit der Kirche, wie auch Ausdruck und Zeichen der Einheit. Der Leib Christi, der die Kirche ist, und der eucharistische Leib Christi in den sakramentalen Gestalten gehören zusammen wie zwei Seiten einer Medaille. …

In unseren Gemeinden besteht manchmal die Frage, wie die Einheit in der Pluriformität gewahrt werden kann: Jugendliche stehen in Auseinandersetzung mit den Älteren, Konservative und Progressisten sprechen eine verschiedene Sprache. Ein tiefer Graben scheint sich zwischen diesen Gruppierungen aufzutun. Manche haben den Eindruck, daß man sich auseinanderlebt, daß sogar nicht mehr miteinander gesprochen wird; da die eine Seite ungeduldig neue Wege und Formen sucht und von einer notwendigen Neuinterpretation des Glaubens spricht, befürchtet die andere Seite, daß es den Vorpreschenden schon gar nicht mehr um eine Erneuerung der Kirche gehe, sondern um die Etablierung einer ganz neuen Kirche. Tatsächlich wurde fast alles in Frage gestellt in den letzten Jahren, von der Existenz Gottes und der Gottessohnschaft Jesu Christi angefangen bis hin zu den Wundern Jesu und dem Weiterleben des Menschen nach dem Tode. Nicht nur in dogmatischen Fragen besteht keine Einigkeit, auch im Verständnis der Aufgabe der Kirche. Die einen glauben, die Kirche sei im Grunde nicht mehr als ein Vortrupp der gesellschaftlichen Revolution, die anderen betonen die Heilssendung der Kirche so sehr, daß für eine politische und gesellschaftliche Wirksamkeit gar kein Raum bleibt.

Gewiß darf die Einheit der Kirche nicht mit Uniformität verwechselt werden. Es ist keineswegs erforderlich, daß jede Einzelheit und jeder Schritt vorgeschrieben und festgelegt ist. Zweifellos ist heute mehr als früher Eigenständigkeit und Initiative des einzelnen gefordert, Gewissensfreiheit und Verantwortung. Es muß in der Kirche verschiedene Weisen der Frömmigkeit und der Spiritualität, der Denkrichtungen und Akzentsetzungen geben, auch unterschiedliche Theologien und Ausprägungen des kirchlichen Lebens.

Gott schenkt den Gläubigen die Gabe der Einheit. Gott will die Einheit der Christen und Gott will zugleich unser Bemühen, unser Mittun bei der Realisierung der Einheit. Wo es Spaltung unter den Christen gibt, liegt es nicht am Geiste Gottes, sondern am Versagen und an der Schuld der Menschen; die Spaltung selbst ist ein Skandal.

Die Einheit der Kirche ist eine Einheit im Heiligen Geist, im Geiste Jesu, ein Glaubensgeheimnis, eine Einheit in Freiheit, in Liebe, in Frieden, in Freude, in Wahrheit und Wahrhaftigkeit. Paulus nennt selbst die vielfältigen Gaben des Geistes im Korintherbrief.

Alle verschiedenen Charismen, Anliegen und Aspekte sollen sich entfalten können, müssen Platz haben in der Kirche Christi. Einheit des Geistes ist Einheit in der Vielheit. Der eine Glaube kann in verschiedenen Theologien und Frömmigkeitsformen, in unterschiedlichen Liturgien und Traditionen sich äußern.

Die Einheit ist aber auch nicht Einerleiheit, als wenn es auf die Wahrheit nicht ankomme. Mit dem Slogan „Seid nett zueinander“ ist nichts gewonnen. Wer meint, es komme nur auf die Mitmenschlichkeit an, Orthopraxis allein sei wichtig, die Orthodoxie spiele keine Rolle, ist im Irrtum. Einheit des Geistes ist geprägte, strukturierte, der Wahrheit und Liebe verpflichtete Einheit.

Die Einheit des Geistes ist auch nicht eine rein geistige, unsichtbare Einheit. Der Apostel Paulus spricht im Epheserbrief mit dem Bild vom Leib und Geist. Wie Leib und Seele im Menschen zusammengehören und unlöslich während des irdischen Lebens zusammen sind, so ist der Leib Christi eine Gemeinschaft in der Einheit des Geistes, sichtbar und unsichtbar zugleich. Deshalb kann es auch nur eine Taufe geben als sichtbares, vom Herrn geschenktes und gegebenes sakramentales Zeichen der Eingliederung in diesen Leib Christi. Deshalb ist die Eucharistie Zeichen dieser geistgewirkten Einheit. …

Dem ganzen Volk Gottes ist die Eucharistie als Vermächtnis Jesu Christi übergeben. Deshalb sind wir alle persönlich, wenn auch in verschiedener Weise, beteiligt. Keiner ist nur Zuschauer wie bei einem Theaterstück oder nur Zuhörer wie bei einem Konzert. Jeder soll tätig mitwirken. Die volle Mitfeier der Eucharistie zeigt und vertieft unsere Einheit mit unserem Herrn Jesus Christus und die Einheit der Glieder der Gemeinschaft der Glaubenden untereinander.

(Predigt von Erzbischof Johannes Joachim Degenhardt beim Eucharistischen Weltkongreß in Lourdes 1981 (Auszüge). In: Texte des Eucharistischen Weltkongresses, 16. bis 23. Juli 1981 Lourdes [zusammengestellt für die Teilnehmer der deutschen Sprachgruppe vom Deutschen Komitee des Eucharistischen Weltkongresses, Kaiserstraße 163, 5300 Bonn 1], S. 81/82; 83–85; 89)

M26

Karl Rahner

Bei all dem bisher Gesagten bleibt die Kirche – sosehr sie das Haus unseres Lebens und unserer Hoffnung ist – auch immer unsere schreckliche Last. Wir können diese Last weder abwerfen, noch uns vormachen, sie drücke uns nicht. Die Last ihrer Menschlichkeit, zu der wir auch unseren sehr erbärmlichen Beitrag selber beisteuern, die Last von Traditionen, die keineswegs die Verheißung der Ewigkeit ihres Bestandes haben, die Last der Differenz zwischen den Formeln und dem Gemeinten, die Last ihres Zurückbleibens hinter der unermeßlichen Größe ihrer Aufgabe, die Last der Differenz zwischen Amt und Charisma, die Last der Differenz zwischen den Völkern und Kulturen, die zusammen in ihr leben müssen, die Last des immer zu geringen Maßes an lebendigem Glauben, an Zukunft schaffender Hoffnung, an selbstloser Liebe. Wer diese Last spürt, die immer das Ja zur konkreten Kirche anfechtet und schwermacht, der bedenke, daß auch er sein gemessenes Teil zu dieser Last hinzufügt. Der bedenke vor allem, daß die Kirche immer die mühsam ihren Weg durch die Geschichte suchende Kirche ist, daß sie und wir selber auf dem Weg sind und nicht an dem Ziel, an dem alles versöhnt sein wird.

Und schließlich: All das, was die Kirche ist, was sie tut, wozu sie uns mit all ihren Glaubenssätzen, Sakramenten und Institutionen verhelfen will, meint doch nur ein einziges, daß wir den Nächsten liebend, hoffend und an einer Erträglichmachung dieses Lebens arbeitend, durch den Tod, der durch das ganze Leben hindurch gestorben wird, uns gelassen und anbetend in das unbegreifliche Geheimnis fallen lassen, daß wir dies glaubend, hoffend und liebend in dem Bekenntnis wider allen Anschein unserer Erfahrung vollziehen, daß dieses Geheimnis das Geheimnis der Freiheit, der Wahrheit, der Liebe und der Vergebung ist und so uns zugesagt ist in Jesus Christus dem Gekreuzigten und von Gott endgültig Angenommenen.

Aber weil wir dieses bei ihr auch wirklich finden, weil bei ihr in der harten und oft bitteren Konkretheit ihrer Wirklichkeit die eigentliche Botschaft zur Konkretheit unseres Lebens wird, darum sprechen wir auch immer wieder über alle Last und Spannung unseres Verhältnisses zu ihr hinweg unser Ja zur Kirche. Wir fliehen nicht von ihrer oft so erbärmlichen Alltäglichkeit weg in Ideale, die billig sind und uns nur unserer eigenen engen und sündigen Erbärmlichkeit ausliefern würden. Wir halten sie aus in Glaube, Hoffnung und Liebe, gerade weil sie uns zwar auch noch in ihrer göttlichen Wahrheit die Kirche der Menschen ist, die als pilgerndes Volk Gottes auf dem Weg ist, auf dem die Geschichte der Menschheit einmündet in das selige Geheimnis Gottes, das unsere einzige Hoffnung, aber so auch die Kraft unseres Lebens ist. Wir stehen kritisch zur Kirche, weil diese Kritik zum Wesen unseres Glaubens selber gehört, da er mit dem Glauben der Kirche unterwegs ist zum ewigen Licht. Aber diese Kritik lebt selber gerade darum von einem immer neu hoffenden Ja zur konkreten Kirche, das unser Glaube durch alle Anfechtungen hindurch immer aufs neue vollbringt.

(Karl Rahner, Über das Ja zur konkreten Kirche [Ausschnitt].
In: Schriften zur Theologie Bd. 9, © Benziger Verlag AG, Zürich 1970, S. 496/497)

M27

Dietrich Bonhoeffer

Wir wollen miteinander sprechen

Jedes Kind lernt sprechen,
nicht jeder Mensch lernt zuhören.
Zwei Menschen treffen sich zufällig
auf dem Flughafen in Lod,
ein amerikanischer Bischof und ein Student aus Deutschland.
Sie kommen ins Gespräch.
Der Student sucht nach Worten,
er blickt auf den Boden, damit er nicht abgelenkt wird,
seine Hände auf der Stuhllehne helfen beim Formen der Worte.
Der Bischof schweigt,
er schaut den anderen an, sein Blick, seine Hand verraten,
daß er hört, zuhört und keine fertige Antwort parat hat.
Das Gesprochene geht unter
im Stimmengewirr und Flughafenlärm.
Uli Hinzen

Herr, ich bin ratlos,
ich erkenne nicht, wohin du mich führen willst,
ich sehe nicht den nächsten Schritt,
vergeblich suche ich dich,
ich bin ganz verschlossen in mir.
Ich bitte dich um einen Menschen,
der mir hilft, dich wiederzufinden,
einen Menschen, der aus der Kraft deiner Liebe

mir zugewandt ist, frei von sich selbst,
der mir zuhören kann,
der mit mir schweigen und warten kann,
was du sagst, einen Menschen,
der für mich glaubt und vertraut,
bis ich dich wiederfinde und meinen Weg wieder sehe.
Herr, ich vertraue dir, daß du mich hörst,
ich danke dir,
daß du mir begegnest im Menschen,
damit ich dich fassen kann.
Ik

Gott hat gewollt,
daß wir sein lebendiges Wort suchen und finden sollen
im Zeugnis des Bruders, in Menschenmund.
Darum braucht der Christ den Christen,
der ihm Gottes Wort sagt, er braucht ihn immer wieder,
wenn er ungewiß und verzagt wird;
denn aus sich selbst kann er sich nicht helfen.
Der Christus im eigenen Herzen ist schwächer
als der Christus im Worte des Bruders;
jener ist ungewiß, dieser ist gewiß.
Dietrich Bonhoeffer

Wo zwei oder drei in meinem Namen zusammenkommen,
da bin ich selbst in ihrer Mitte.
Matthäus-Evangelium, Kapitel 18,20, nach Die Gute Nachricht

(In: den andern sehen), S. 17 (Ingeborg Kiefel/Jose Fremder, Foto-Text-Bücher Bd. 7, Johannes Kiefel-Verlag, Wuppertal)

M28

Paul M. Zulehner

Den Menschen Heimatgefühl geben

Kirche, die Gott verkündet, kann dies nur dann glaubwürdig, wenn etwas von *Gottes Umgang mit den Menschen auch in ihrem eigenen Handeln spürbar wird.* Von Gott aber sagen wir, daß er den Menschen eine letzte Heimat ist. Eben das soll aber auch schon in der Kirche Gottes erfahrbar werden. Kirche müßte in ihrem Umgang mit den Menschen ein Gefühl der Beheimatung und des Zuhauses wecken. Kein Kirchenmitglied dürfte sich als Fremdling fühlen, solange es dies nicht selbst sein will. Vor allem jene, die in der Gesellschaft am Rand stehen und dort kein Zuhause haben, müßten bei den Christen eines finden. Heimat bleibt die Kirche auch für die Sünder, für jene, welchen manches oder auch vieles an der Kirche nicht gefällt. Heimat ist sie für die kritischen Christen, für die Intellektuellen, die Jugendlichen, die Arbeiter, die Frauen. Heimat ist sie für die geschiedenen Wiederverheirateten und für die Christen in Mischehen. Heimat ist sie für die verschiedenen Kulturen, für die Anhänger unterschiedlicher politischer Parteien. Ein Sozialdemokrat darf kein Christ zweiter Ordnung werden, verglichen mit dem Christdemokraten. Der Angehörige einer integrierten Gemeinde hat genau so seine Heimat in der Kirche wie der Arbeiter, der aus vielfältigen gesellschaftlichen und lebensgeschichtlichen Gründen nur alle heiligen Zeiten mit der Kirche in Berührung kommt. Wir können unser Anliegen auch anders formulieren: *Kirche hat nicht in erster Linie Menschen zu disqualifizieren und zu „exkommunizieren", sondern den Menschen Heimatgefühl zu geben.* Gewiß wirkt sich dann die Beheimatung des Menschen im Lebensfeld der Kirche auf die Glaubensgeschichte der Menschen aus. Auch heißt Beheimatung der verschiedenen Menschengruppen in der Kirche nicht, daß jede Glaubens- und Unglaubenssituation nunmehr gleichwertig ist. Wir sagen auch nicht, daß es gemessen am Evangelium völlig bedeutungslos ist, für welche konkrete Politik und damit für welche Partei ein Christ sich entscheidet. Wir leugnen nicht, daß die Kirche einem ihrer Mitglieder nach menschenwürdiger Prüfung offiziell sagen kann und muß, daß seine Auffassung dem kirchlichen Erbe nicht mehr entspricht (wobei hier die Kirche längst schon sehr sensible Verfahren entwickelt hat). Auch die „Exkommunikation" des „schweren Sünders" aus der Eucharistiegemeinschaft ist und bleibt sinnvoll und wichtig, eben um des Menschen und um der Glaubwürdigkeit und der Identität der Kirche willen.

All diese Einwände ändern nichts daran, daß die Kirche für „alle" als Heimat offen steht und dem, der sich der Kirche selbst nicht entfremdet, auch Heimat ist.

(In: Paul M. Zulehner, Kirche – Anwalt des Menschen, Verlag Herder, Wien/Freiburg/Basel 1980)

M29

Paul M. Zulehner

Was Kirche sein könnte

… Wir [versuchen] einen Traum von Kirche, eine Utopie, eine Vision. Eine Utopie ist dabei Wahrheit von weitem gesehen. Beschrieben wird somit das, was Kirche sein könnte, ohne es jemals ganz sein zu können. Zugleich kommt darin aber schon im Ansatz zur Sprache, in welche Richtung sich Kirche erneuern müßte, und zwar unablässig, auch nach dem II. Vatikanischen Konzil. So besehen wird der Traum Ermutigung zur Erneuerung, aber auch ansatzhaft Kritik an der konkret vorfindbaren Kirche. […]

„Kirche“ wird erträumt als jenes (gesellschaftliche) Lebensfeld, auf dem von Jesus her eine neue Lebensweise gelebt, erzählt und gefeiert wird.

Unser Traum von Kirche […] soll die Frage beantworten helfen: Wenn es wirklich stimmt, daß Gott Anwalt unseres Lebens ist und in Jesus, seinem Christus, der Durchbruch geschafft wurde, wie wird dann für uns heute „Erlösung“ als Befreiung *erfahrbar und wirklich?*

Hierauf sagen wir unverdrossen (wenigstens in unserem Traum): in der Kirche und meinen damit bei uns. Dies sagen wir, weil wir Kirche als Lebensfeld inmitten der Gesellschaft begreifen, wo anders, *„alternativ“* gelebt wird: Anders vor allem, weil hier nicht „Beziehungsarmut“, Sinnlosigkeit und Hoffnungslosigkeit verdoppelt werden, sondern weil hier der Mensch in Richtung auf Beziehungsfähigkeit, Hoffnung und Leben in Bewegung kommt, „umkehrt“ bzw. „umgekehrt wird“.

Unser Traum von Kirche sagt also: Wenn ein Mensch in dieses Lebensfeld der „Kirche“ gerät, mit ihm in Berührung kommt, in einen lebensbedeutsamen Austausch eintritt, dann begegnet er Menschen und in ihnen jener erlösend-befreienden Lebenstradition, die von Jesus herkommt. Er erlebt hier einen anderen „Geist“, den die Bibel den „Geist Jesu“ nennt. Und indem er mit diesen Menschen sein Leben teilt, gelangt er selbst „ins Leben“. Er lernt, seine Lebensgeschichte, also die „Schrift“ seines Lebens, nach der für Christen einzigen Vor-Schrift zu schreiben, nämlich nach der Lebensgeschichte Jesu, nach seinem Leben, Leiden, Sterben und Auferstehen. Christ ist daher einer, so steht lapidar im 1. Johannesbrief, einer, der „in Christus ist“ und „lebt wie er“ (Joh 2,6). Konkret heißt dies aber wieder: Der Christ ist nicht einer, der im Strom der Geschichte schwimmt und bestrebt ist, sich möglichst rasch an das Ufer der Ewigkeit zu retten, um womöglich von dort (schadenfroh) zuzusehen, wie andere untergehen. Der Christ ist gleichsam ein „Rettungsschwimmer Gottes". Er rettet sich selbst, indem er andere rettet. Er gelangt zum Leben, indem er anderen leben hilft. Und er tut dies, weil er in den Herrschaftsbereich des lebendigen Gottes Jesu eintritt, also glaubt und Gott liebt. Darin stellt er sich auf die Seite Gottes. So aber beginnt er an der „Arbeit" Gottes für den Menschen teilzunehmen, welches Grundthema der ganzen Welt- und Heilsgeschichte ist: nämlich dem Menschen leben zu helfen. Will doch Gott nicht den Tod des Sünders, sondern daß er sich bekehrt und lebt.

Kirche, von der wir hier träumen, erweist sich so im Auftrag Gottes als Anwalt des Lebens der Menschen. Sie ist in einer Welt, in der die Fragmente des Todes überwiegen, ein Ort, an dem Fragmente des Lebens überhandnehmen. So verändert sie aber nicht nur das Leben des einzelnen Menschen, sondern veröffentlicht für die Menschen eine Lebenstradition, die zur kritisch-befreienden Anfrage an ihre ererbte Lebensweise wird. Noch mehr: Christen, die Erlösung zum Leben erfahren haben, gehen daran, die Lebensweise in den gesellschaftlichen Lebensfeldern mitzugestalten, damit die verordnete Lebensbehinderung und Lebenszerstörung eingedämmt wird.

(In: Paul M. Zulehner, Kirche – Anwalt des Menschen, Verlag Herder, Wien/Freiburg/Basel 1980)

M30

Roger Schutz

Kirche, was sagst du zu deiner Zukunft?

„Kirche, was sagst du zu deiner Zukunft? Wirst du auf die Mittel der Macht und die Vorteile der Kompromisse mit der politischen und finanziellen Macht verzichten? Wirst du die Privilegien aufgeben und dich weigern, Kapital anzulegen? Wirst du endlich ‚die universelle Gemeinschaft werden, die mit allen ohne Unterschied teilt', – endlich eine versöhnte Gemeinschaft, ein Ort der Gemeinschaft und Freundschaft für die gesamte Menschheit? Wirst du am konkreten Ort, wie auf der ganzen Erde Samenkorn einer Gesellschaft ohne Klassen und Privilegierte werden, in der nicht mehr ein Volk über das andere herrscht, noch ein einzelner Mensch über den anderen?

Kirche, was sagst du von deiner Zukunft? Wirst du das Volk der Seligpreisungen werden, ohne andere Sicherheit als Christus: ein armes Volk, das kontemplativ lebt und Frieden schafft, das Träger der Freude und eines befreienden Festes für die Menschen ist, auf die Gefahr hin, daß du verfolgt wirst um der Gerechtigkeit willen?

Da wir zu diesem Volk dazugehören, wissen wir, daß wir nichts Weitgehendes von andern verlangen können, wenn wir nicht selbst alles für das Ganze riskieren. Was haben wir zu befürchten? Sagt uns Christus nicht: ‚Ich bin gekommen, um ein Feuer auf der Erde zu entzünden; was will ich anderes, als daß es stark brennt!' Wir werden es wagen, uns gemeinsam und unwiderruflich zu engagieren, um das Unverhoffte zu gestalten, den Geist der Seligpreisungen im Volk Gottes zur Entfaltung kommen zu lassen und ein Ferment zu sein für eine Gesellschaft ohne Klassen und Privilegierte."

(Roger Schutz, Brief an das Volk Gottes, zur Eröffnung des Konzils der Jugend in Taizé. In: Taizé und das Konzil der Jugend [Herderbücherei, 543], Verlag Herder, Freiburg 4. Aufl. 1979, S. 77–78)

M31

Josef Dlapka

Zum Mangel an Berufungen

Es mag hart sein, was der brasilianische Jugendseelsorger und Liedermacher P. Josê „Zezinho" Fernandez de Oliveira in seinem Gedicht ‚Über die Kirche' sagt; seine Diagnose mag bezweifelt oder geleugnet werden; an den Tatsachen selbst ändert dies nichts.

„Eine Kirche,
die unfähig ist, einen Laien
als einen dem Bischof oder dem Priester
gleichgestellten Christen zu akzeptieren;
die den Laien zum gewöhnlichen Christen macht;
zu einem Gefolgschaftmann oder Untergebenen,
die sich andererseits als einen Führer betrachtet,

der die christliche Gemeinschaft
zu dirigieren berufen ist;
die sich Bischöfe und Priester als Kommandanten vorstellt
und nicht als Diener und Zuhörer;
die den Priester für vielerlei Aufgaben vorbereitet,
ohne die Berufung der Laien gebührend zu schätzen
und ihre Vorbereitung voranzutreiben,
verdient keine Berufungen.
Eine Kirche,
die den Weg zum religiösen Leben als eine Art Beförderung in eine höhere Gesellschaftsklasse betrachtet;
die aus ihrem Dienstamt eine Pyramide macht,
mit dem Klerus an der Spitze und dem Volk an der Basis,
und die in die Versuchung verfällt,
den Gipfel für wichtiger zu halten als die Basis;
die die Förderung der geistlichen Berufe für die Angelegenheit von zwei, drei Ordensleuten hält,
und nicht für die Sache der ganzen Gemeinschaft,
verdient keine Berufungen.
Eine Kirche,
in der der Bischof dem Volk eine statische Liturgie vorschreibt, eine jede von der Basis kommende Initiative unterbindend:
eine Kirche,
die von einem armen Volk begründet wurde
und die einen Klerus hat, der bürgerlich lebt;
oder deren Gläubige ihr ganzes Geld in luxuriöse Wohnungen, Kleider und Mahlzeiten investieren
und deren Bischöfe in riesengroßen Palästen wohnen,
die der Laie nur bis zum Empfangszimmer betreten darf,
verdient keine Berufungen.
Eine Kirche,
die einen Priester, der unfähig ist
zur Erneuerung und zum Gespräch,
in seiner Pfarre beläßt,
nur weil sie nicht weiß, welchen Posten sie ihm geben soll;
die die jungen Priester zu einer Priestertracht verpflichten will, für die diese kein Verständnis mehr haben,
nur deshalb, weil ihre Vorfahren damals auf einen solchen Wechsel der

Zeiten nicht denken konnten,
verdient keine Berufungen.
Eine Kirche,
die in der Vergangenheit lebt,
obwohl sie als eine Kirche für die Gegenwart und für die Zukunft entworfen wurde;
die der Erneuerung widersteht,
bis zur Veralterung und Sterilität;
die Priester mit engem Horizont und merklicher Inkompetenz auf wichtige Posten setzt,
aufgrund irgendwelcher Protektionen,
die Fähigkeiten entsprechend befähigter Priester mißachtend;
die sich fürchtet, ihre Macht mit der Jugend zu teilen,
ist nicht wert, Berufungen zu haben.
Eine Kirche,
die unfähig ist, irgendwelche Berufungen zu erwecken;
die nicht für solche betet,
und wenn sie von den geistlichen Berufen spricht,
dies nur auf Priester und Schwestern bezieht,
vergessend,
daß auch die Laien eine ganz bestimmte Rolle innerhalb der christlichen Gemeinschaft haben;
verdient keine Berufungen."

M32

L. Ringnalda

Die Gemeinde – eine Mannschaft

Warum eigentlich nicht? Gewiß – es ist ein ungewohntes Bild: die Gemeinde – eine Mannschaft. Andere Vergleiche sind uns geläufiger: Die Gemeinde – ein Leib, ein Bau. Aber regt ihre Unterschiedlichkeit nicht gerade dazu an, nach weiteren Bildern zu suchen? Vielleicht könnte das Gleichnis von der Mannschaft uns heute besonders nachdenklich machen, wenn wir zum Beispiel an ein Stichwort wie Zusammenspiel denken. In einer Mannschaft sind die verschiedensten Temperamente beieinander. Und doch werden sie zusammengehalten durch die gemeinsame Aufgabe. Hier spielt nicht einfach jeder darauf los, wie er sich das denkt, sondern er hat Mitspieler.

Die Gemeinde – eine Mannschaft. Man muß sich dabei nur einmal Bezeichnungen wie Linksaußen und Rechtsaußen einfallen lassen, um sehr schnell auf die gegenwärtigen theologischen Unterscheidungen zu stoßen. Das Bild von der Mannschaft würde freilich auch daran erinnern, wie notwendig beide sind und wie sehr es zu Lasten des ganzen Spielzusammenhangs geht, wenn einer dem anderen vorgezogen wird.

Jedenfalls – das Bild von der Gemeinde als einer Mannschaft könnte hier Gewohnheiten in Frage stellen. Es könnte aber auch zu Überlegungen anregen, in denen einmal durchprobiert wird, was wir als Gemeinde vom Zusammenhalt einer Mannschaft lernen können. So wie es bei Michel Quoist heißt:

„In dieser Welt, Herr, hat jeder von uns seinen Platz; als vorausschauender Trainer hast du ihn seit jeher jedem von uns bestimmt. Du brauchst uns hier, unsere Brüder brauchen uns, und wir brauchen alle. Nicht der Posten ist wichtig, Herr, auf dem ich stehe, sondern die Vollendung und die Kraft meiner Bereitschaft. Was macht es aus, ob ich vorne oder hinten bin, wenn ich nur mit allen meinen Kräften bin, was ich sein soll."

Ich träume von einer Kirche, in der man falsche Dinge sagen und tun kann, in der man nicht sofort verketzert oder ausgestoßen oder eingekapselt wird. Von einer Kirche, in der die Möglichkeit besteht, aus seinen Fehlern zu lernen (wie kann man jemals etwas lernen, wenn man nie Fehler machen darf oder kann?). Von einer Kirche, in der wir einander wie Petrus und Paulus ins Antlitz widerstehen können, ohne uns gegenseitig sofort dem Teufel zu überliefern; einer Kirche, in der David und Nathan, van Dis und der Papst, Jan Lammers und der altreformierte Pfarrer einander begegnen und finden können, weil Jesus Christus mehr als sie ist. Von einer Kirche, in der Jude und Grieche und Heide lernen, das Brot miteinander zu teilen, damit Gerechtigkeit und Friede in diese Welt kommen. Es dürfen durchaus drei verschiedene Kirchen in einer Straße stehen, wenn auf ihrer Tür nur deutlich angegeben ist, daß sie Filialen des einen großen Unternehmens sind. Die Kirche … eine unruhige Familie …, aber eine Familie!

Er machte einige zu Aposteln, einige zu Propheten, einige zu Verkündern

der Guten Nachricht, einige zu Leitern und Lehrern. Sie sollen das Volk Gottes zu seinem Dienst bereitmachen.
Epheser-Brief, Kapitel 4, 11–12, nach NT 68

M33

Johann Baptist Metz

Betreuungskirche – Bürgerkirche – Basiskirche

Bei der Frage nach der Zukunft der Kirche ist es wichtig, auf die konkret wirksamen Kirchenbilder bei uns zu achten. Ich sehe vor allem drei solche mehr oder minder miteinander konkurrierende Kirchenbilder: Volkskirche, Bürgerkirche, Basiskirche, oder etwas genauer: vorbürgerliche Betreuungskirche, bürgerliche Angebots- bzw. Servicekirche und nachbürgerliche Initiativkirche. Dieser Dreigliederung im Kirchenbild entsprechen übrigens auch drei bei uns vorherrschende Theologietypen: einmal die klassische, von neuscholastischen Ansätzen durchprägte Theologie mit betont apologetischen Zügen im Interesse einer Volkskirche als Betreuungskirche für das Volk; dann Ansätze zu einer bürgerlich-liberalen Theologie, die ihren kirchlichen Rückhalt darin hat, daß auch das katholische Christentum hierzulande immer mehr die Gestalt bürgerlicher Religion annimmt, und die sowohl Theorie wie Praxis kirchlicher Autorität vorzüglich anhand der Maßstäbe bürgerlicher Freiheit kritisiert; und schließlich politische Theologien der Befreiung, die in einer konstitutionellen Einheit von produktiver Kirchen- und Gesellschaftskritik auf eine Basiskirche als „Kirche des Volkes“ zielen.

Von den genannten drei Kirchenbildern läßt sich im Blick auf die Zukunft der Kirche in knapper Form dies sagen: Die *Volkskirche* als Betreuungskirche „für das Volk“ hat ihre gesellschaftliche Zukunft hinter sich. Trotz unverkennbarer Vorzüge befindet sie sich allenthalben in einem Auflösungsprozeß hin zu einer sogenannten *Bürgerkirche,* die ihrerseits von der bürgerlichen Unnahbarkeitshaltung gegenüber der Religion diktiert ist.

Das bedeutet: Nicht die Religion beansprucht den Bürger, sondern der Bürger die Religion; nicht die Religion verändert die Gesellschaft, sondern die bürgerliche Gesellschaft ruht nicht, bis die Religion zu ihr und ihren

Plausibilitäten paßt. Doch diese Unnahbarkeit des Bürgers gegenüber der Religion ist nicht einfach identisch mit der christlichen Freiheit des Evangeliums, so wie das christliche Subjekt nicht identisch ist mit dem bürgerlichen Individuum und ein bürgerlicher Individualismus nicht identisch ist mit einem christlichen Existentialismus. Ich betone das (wenn auch in dieser abgekürztesten Form) deswegen, weil uns bei unseren kirchlichen Erneuerungsversuchen eine Gefahr droht, die ich schon öfter anzuprangern suchte: die Gefahr der Verwandlung des Christentums in bürgerliche Religion, oder genauer die Gefahr, daß wir die Erneuerung der Kirche nicht auf der Basis des Evangeliums, sondern auf der Basis dieser bürgerlichen Religion suchen, die gerade uns nachzüglerischen Katholiken als besonders „fortschrittlich" und gar „befreiend" vorkommen mag. Doch Christentum als bürgerliche Religion ist nicht die Religion des Evangeliums; sie ist das Geschöpf des Bürgertums und der bürgerlichen Unnahbarkeit gegenüber Religion. Der Bürger läßt die Religion nicht mehr an sich heran, er bedient sich ihrer, wenn er sie „braucht". So hat er selbst jene Servicekirche geschaffen, die niemanden mehr wirklich tröstet und die wir deshalb auch so sehr bekämpfen. Der Bürger selbst hat auf einer neuen Ebene, auf einer weniger anspruchsvollen, jene Betreuungskirche stabilisiert, die es gerade zu überwinden gälte …

In der Gestalt dieser Angebots- bzw. Servicekirche prägt die bürgerliche Kirche faktisch, wenn auch nicht normativ, immer mehr unser Kirchenverständnis. Man könnte sie als eine verzögerte Variante eines bestimmten protestantischen Kirchentyps im Katholizismus ansprechen. Gleichwohl hat diese Bürgerkirche ihren historischen Zenit und in diesem Sinn ihre gesellschaftliche Zukunft auch bereits mehr hinter als vor sich. Es scheint mir die Tragödie des deutschen Katholizismus zu sein, daß er sich gesellschaftlichen und kirchlichen Entwicklungen dann öffnet und anzuschließen sucht bzw. sie in sich aufzunehmen sucht, wenn diese ihren historischen Zenit bereits überschritten haben und von denen, die sie inszeniert haben, also speziell den Trägern der Reformation und der bürgerlichen Aufklärung, in ihrer Widersprüchlichkeit bereits erkannt und im Ansatz überwunden sind.

Die nachbürgerliche *Basiskirche:* sie hat bei uns, im deutschen Katholizismus, noch kaum eine Gegenwart, geschweige denn eine Zukunft. Das ist anders, wenn unsere deutsche Kirche sich in ihren kirchlichen Maßstäben entprovinzialisiert und auf den Weltkatholizismus bezieht; dort hat die Basiskirche bereits verheißungsvolle Gegenwart, und nichts erlaubt uns, diese Kirchenform als spezifischen Ausdruck der Kirchen sogenannter unterentwickelter Länder zu relativieren ... Wir müssen endlich den Panzer der bürgerlichen Religion durchstoßen. Wir müssen die bei uns unterschwellig vollzogene Verwechslung von bürgerlicher Unnahbarkeit und evangelischer Freiheit durchchauen und überwinden. Nur dann werden wir auch dem Elend des Christentums als bürgerlicher Religion entkommen. Diese bürgerliche Religion fordert nichts, sie tröstet aber auch nicht. Gott ist in ihr zwar zitierfähig, aber kaum mehr anbetungswürdig; seine Gnade greift nicht ein, sie stürzt nicht und richtet nicht auf, sie überwölbt – als „Wert" – unsere bürgerliche Identität, und sie ist in diesem Sinn eigentlich „billige Gnade" (Bonhoeffer), jene Gnade also, die wir Bürger vorzüglich mit uns selbst haben. Und so wie man aus unserer bürgerlichen Gesellschaft immer weniger Stoff zum Träumen und Dichten ziehen kann, so kann man aus der bürgerlichen Religion kaum mehr Stoff für Mystik und Anbetung, Widerstand und Umkehr ziehen. Wo sich unsere Kirchen bewußter und entschiedener als bisher der Zumutung entziehen, Institution bürgerlicher Religion zu sein, öffnen sie sich einer basiskirchlichen Zukunft. Diese künftige Basiskirche stünde nicht einfach in planem Gegensatz zu jeglicher Art von Volkskirche. Sie könnte geradezu der Anfang von Volkskirche mit einer subjektiven Basis sein, also der Anfang einer Volkskirche als „Kirche des Volkes". In ihr wäre dann jener Schritt gelungen, von dem das Synodendokument „Unsere Hoffnung" ausdrücklich spricht, nämlich „der Schritt von einer protektionistisch anmutenden Kirche für das Volk zu einer lebendigen Kirche des Volkes, in der alle auf ihre Art sich verantwortlich beteiligt wissen am Schicksal dieser Kirche und an ihrem öffentlichen Zeugnis der Hoffnung".

(In: Johann Baptist Metz, Jenseits bürgerlicher Religion. Reden über die Zukunft des Christentums, Matthias Grünewald Verlag, Chr. Kaiser Verlag, Mainz/München 1980)

M34

Leo Scheffczyk

Der christliche Glaube existiert nicht als eine von der Person Jesu Christi abtrennbare religiöse Wahrheit und in einem moralischen Gedanken, sondern er ist zutiefst eine Form der personalen Christusverbindung und Christusgemeinschaft. Auf diese geheimnishafte Tatsache weist uns der hl. Paulus wiederholt nachdrücklich hin, etwa in dem Wort: „Wenn jemand in Christus ist, dann ist er eine neue Schöpfung" (2 Kor 5,17). Das meint ebenso die Aussage: „Euer Leben ist mit Christus verborgen in Gott" (Kol 3,3) oder der Satz: „Nicht mehr ich lebe, sondern Christus lebt in mir" (Gal 2,20).

Den Hintergrund dieser tiefen Wahrheit bildet die Glaubensüberzeugung, daß der erhöhte Herr in einer organischen Beziehung zu den Getauften steht, die ihm wie lebendige Glieder anhängen, so daß er mit ihnen einen Leib bildet, den er als das Haupt mit der innersten Kraft seines Geistes erfüllt und durchdringt. Daraufhin ist der Christ in das Leben Christi so tief einbezogen, daß man von ihm sagen kann: Christsein ist ein „anderer Christussein", der Christ ein „alter Christus", der freilich danach trachten soll, daß Christus in ihm immer mehr „Gestalt annimmt" (Gal 4,19). Christsein ist also eine Form und Äußerung des in der Welt weitergehenden Lebens Christi in seinem Leib, der Kirche.

Dieses Leben Christi ist aber gekennzeichnet durch die Ereignisse von Tod und Auferstehung. Christus hat die Fülle seines gottmenschlichen Lebens für sich wie für die Welt gewonnen durch seine Hingabe am Kreuz und durch seinen Aufgang in die Herrlichkeit des Vaters bei der Auferstehung. Weil aber Leben und Sterben und Verherrlichung des Gottmenschen in der Menschheitsgeschichte keine Episode bleiben sollten und bleiben konnten, sind diese Ereignisse uns von Gott in einem Sakrament, d. h. in Zeichen und Symbolen, zu ständiger Gegenwart übergeben worden. Im eucharistischen Opfersakrament hat uns Christus sein Vermächtnis hinterlassen, das er selbst ist als der Gekreuzigte und in die Herrlichkeit des Vaters Eingegangene.

(In: Leo Scheffczyk, Lebensgestaltung aus dem Eucharistieglauben, Vortrag beim Eucharistischen Weltkongreß 1981 in Lourdes. Quellenangabe a. a. O., S. 59)

M35

Josef Kardinal Ratzinger

„Wie das alte Israel einstens im Tempel seinen Mittelpunkt und die Bürgschaft seiner Einheit verehrte und in der gemeinsamen Paschafeier diese Einheit lebendig vollzog, so soll nun dieses neue Mahl das Einheitsband eines neuen Gottesvolkes sein. Es braucht die lokale Mitte des einen äußeren Tempels nicht mehr … Der Herrenleib, der die Mitte des Herrenmahles ist, ist der eine neue Tempel, der die Christen zu viel wirklicherer Einheit zusammenfügt, als ein steinerner Tempel es vermöchte."*

Hierher gehört auch eine andere Textreihe aus der Evangelienüberlieferung: Sowohl Matthäus und Markus wie „auch Johannes überliefern (in verschiedenen Zusammenhängen freilich) ein Wort Jesu, daß er den zerstörten Tempel in drei Tagen wieder aufbauen und durch einen besseren ersetzen werde (Mk 14,58 und Mt 26,61; Mk 15,29 und Mt 27,40; Joh 2,19; vgl. Mk 11,15–19 par.; Mt 12,6). Sowohl bei den Synoptikern als auch bei Johannes ist es klar, daß der neue, ‚nicht von Menschenhand gemachte' Tempel der verklärte Leib Jesu selber ist …"

Das bedeutet: „Jesus kündet den Zusammenbruch des alten Kultes und damit des alten Heilsvolkes und der alten Heilsordnung an und verheißt einen neuen, höheren Kult, dessen Zentrum sein eigener, verklärter Leib sein wird."**

Was folgt aus alledem? Die Stiftung der heiligsten Eucharistie am Abend vor dem Leiden kann nicht als irgendeine mehr oder weniger vereinzelte kultische Handlung angesehen werden. Sie ist Bundesschluß und als Bundesschluß die konkrete Gründung des neuen Volkes, das Volk wird durch sein Bundesverhältnis mit Gott. Wir könnten auch sagen: Durch das eucharistische Geschehen zieht Jesus die Jünger in sein Gottesverhältnis hinein und damit auch in seine Sendung, die auf „die Vielen", auf die Menschheit aller Orte und aller Zeiten zielt. Diese Jünger werden „Volk" durch die Leibes- und Blutsgemeinschaft mit Jesus, die zugleich Gottesgemeinschaft ist. Der alttestamentliche Bundesgedanke, den Jesus in seine Verkündigung aufnimmt, erhält eine neue Mitte: die Leibesgemeinschaft mit Christus. Wir könnten sagen: Das Volk des Neuen Bundes wird Volk vom Leib und Blut Christi her; einzig von dieser Mitte her ist es Volk. Nur deshalb kann es „Volk Gottes" heißen, weil durch die Gemeinschaft mit Christus sich das Verhältnis zu Gott öffnet, das der Mensch nicht von sich aus herstellen kann.

(In: Joseph Kardinal Ratzinger, Zur Gemeinschaft gerufen, Kirche heute verstehen, Verlag Herder, Freiburg 1991, S. 24–26)

---

* J. Ratzinger, Das neue Volk Gottes, Düsseldorf 1969, S. 79

** Ebd. 79f.

M36

Joseph Kardinal Ratzinger

Sturm und Feuer des Heiligen Geistes begründen die Kirche. Sie kommt nicht aus eigenem Entschluß; sie ist nicht Produkt menschlichen Wollens, sondern Kreatur des Geistes Gottes. Dieser Geist ist die Überwindung des babylonischen Weltgeistes. Menschlicher Machtwille, wie er sich in Babylon darstellt, zielt auf Uniformität, weil es ihm um Beherrschung und Unterwerfung geht; gerade so bringt er Haß und Trennung hervor. Gottes Geist aber ist Liebe; darum bewirkt er Anerkennung und schafft im Annehmen des Andersseins Einheit: Die vielen Sprachen verstehen sich untereinander.

(In: Joseph Kardinal Ratzinger, Zur Gemeinschaft gerufen, Kirche heute verstehen, Verlag Herder, Freiburg 1991, S. 40)

M37

Joseph Kardinal Ratzinger

Kommunion bedeutet, daß die scheinbar unübersteigliche Grenze meines Ich aufgerissen wird und aufgerissen werden kann, weil zuerst Jesus sich selbst ganz hat auftun lassen, uns alle in sich hineingenommen und sich uns ganz übergeben hat. Kommunion bedeutet also Verschmelzung der Existenzen; wie in der Nahrung der Leib sich fremde Materie assimiliert und dadurch leben kann, so wird mein Ich demjenigen Jesu „assimiliert", ihm verähnlicht in einem Austausch, der immer mehr die Trennlinien durchbricht. Dies Gleiche geschieht mit allen Kommunizierenden; sie werden alle diesem „Brot" assimiliert und werden so untereinander eins – *ein* Leib.

Auf diese Weise baut Kommunion Kirche, indem sie die Mauern der Subjektivität öffnet und uns in eine tiefe Existenzgemeinschaft hineinsammelt. Sie ist der Vorgang der „Sammlung", in dem der Herr uns zueinanderbringt. Die Formel „Kirche ist Leib Christi" sagt also aus, daß Eucharistie, in der der Herr uns seinen Leib gibt und zu einem Leib macht, der immerwährende Entstehungsort der Kirche ist, wo er sie selbst immerfort neu gründet; in ihr ist sie am dichtesten sie selbst – an allen Orten und doch nur eine, wie er selbst nur einer ist.

(In: Joseph Kardinal Ratzinger, Zur Gemeinschaft gerufen, Kirche heute verstehen,Verlag Herder, Freiburg 1991, S. 34)

M38

Kardinal Joseph Höffner

Die Kirche, deren Lebenskraft die Eucharistie ist, ist keine „Warte-Ab-Kirche", sondern eine „Geh-Hin-Kirche". Wir stehen nicht mit mürrischem Gesicht am Zaun der Welt von heute. Wir schauen nicht ärgerlich zu, was drinnen geschieht, sondern wir steigen über den Zaun, um mitten in der Welt gegenwärtig zu sein: als Sauerteig, als Salz der Erde, als Licht der Welt. Ein englisches Sprichwort sagt: „Ein Schiff, das im Hafen liegt, ist zwar sicher; aber dafür werden Schiffe nicht gebaut." „Ein Rad, bei dessen Drehung sich nichts mitdreht, gehört nicht zur Maschine" (Wittgenstein). Der Christ muß so in der Welt gegenwärtig sein, daß etwas geschieht, daß die Welt in Bewegung kommt, daß sie sich mitdreht, daß sie umkehrt, neu wird.

(In: Predigt von Kardinal Joseph Höffner beim Eucharistischen Weltkongreß 1981 in Lourdes, Quellenangabe a. a. O., S. 124)

M39

Leo Scheffczyk

Freilich werden wir zuletzt auch sagen müssen, daß das Leben der Auferstehung, das uns vom eucharistischen Herrn zukommt, nicht ein gänzlich vorhandenes und voll verwirklichtes Leben ist. Es ist ein Leben in der Hoffnung, dessen vollkommene Machtentfaltung noch aussteht. Aber um die christliche Hoffnung in ihrer Bedeutung nicht zu entkräften und zu schmälern, ist auch zu sagen: Christliche Hoffnung ist keine Einbildung, kein trotziges „Dennoch" gegen die Widerständigkeit der Welt. Sie ist, wie es einst ein Lehrer des geistlichen Lebens sagte, ein Anhalten an Christus und ein von ihm Gehaltenwerden (Paschasius Radbertus). Diese Hoffnung ist eine Kraft, die uns mit dem verklärten Christus verbindet. Eine solche Kraft dringt tatsächlich aus dem Sakrament des Todes und der Auferstehung Christi schon jetzt in unser Leben. Es gilt nur, sich dieser Kraft durch ein immer tieferes Mitfeiern und Miterleben der Eucharistie zu öffnen. Dann wird diese Kraft, durch den Glauben und die Hoffnung angetrieben, auch nicht im individuellen Bereich des Einzellebens oder der kleinen Gemeinde gefangen bleiben. Sie wird wie ein Funke auf die Welt überspringen. Das hat einmal der große Verteidiger der Sache Christi, Cyrill von Alexandrien, in das bildhafte Wort gefaßt: „Wie wir den Funken in Stroh einhüllen, um den Feuersamen zu bewahren, so hat auch unser Herr Jesus Christus durch sein Fleisch uns sein Leben eingegeben. Er hat uns sein Leben eingesenkt wie den Samen der Unsterblichkeit, der alles, was … Verweslichkeit ist, abtun wird."

(In: Leo Scheffczyk, Lebensgestaltung aus dem Eucharistieglauben, Vortrag beim Eucharistischen Weltkongreß 1981 in Lourdes, Quellenangabe a. a. O., S. 68)